Johann Müller

Der Stil des älteren Plinius

Johann Müller

Der Stil des älteren Plinius

ISBN/EAN: 9783744610780

Hergestellt in Europa, USA, Kanada, Australien, Japan

Cover: Foto ©ninafisch / pixelio.de

Weitere Bücher finden Sie auf **www.hansebooks.com**

DER STIL

DES AELTEREN PLINIUS

von

JOHANN MÜLLER,

PROFESSOR AN DER UNIVERSITÆT ZU INNSBRUCK

INNSBRUCK.

VERLAG DER WAGNER'SCHEN UNIVERSITAETS-BUCHHANDLUNG.

1883.

DER STIL DES ÄLTEREN PLINIUS.

Vorwort.

Die Beobachtungen und Sammlungen, aus denen diese Darstellung des Plinianischen Stiles hervorgegangen ist, waren ursprünglich nicht zu diesem Zwecke bestimmt. Sie wurden mit anderen über die Syntax gemacht während meiner Beschäftigung mit der Texteskritik der N. H. und sollten mein Urtheil bei meinen Verbesserungsvorschlägen leiten und erforderlichen Falles mir als Belege zur Hand sein. Als indess die letzte Serie meiner Emendationen fertig war und ich das angesammelte Material durchmusterte, schien es mir hinsichtlich des Stiles ausreichend zu sein, um damit eine wenn auch nicht in allen Punkten erschöpfende so doch das Wesentliche in genügender Vollständigkeit umfassende Darstellung zu versuchen. Weniger befriedigend stellten sich die syntaktischen Sammlungen dar. Da hatte der ursprünglich vorschwebende Zweck zu grosse Lücken in den allen Schriftstellern der silbernen Latinität gemeinsamen Abweichungen von dem älteren Gebrauche gelassen. Diese auszufüllen hätte ich noch einmal die ganze N. H. durchlesen müssen und dazu hätte ich mich an sich nur schwer entschlossen, konnte es aber auch nicht, da ich bereits anderweitige Verpflichtungen eingegangen war, die ich bei dieser Ausdehnung meiner Arbeit über Plinius nicht hätte einhalten können. So beschränkte ich mich auf die Ausarbeitung des Materials über den Stil, doch mussten einige syntaktische Neuerungen mit aufgenommen werden, die aus stilistischen Motiven hervorgegangen auch unter stilistischem Gesichtspunkte zu betrachten waren.

Selbstverständlich zog ich neben meinen eigenen Beobachtungen die Anderer zu Rathe. Was Sillig, Urlichs, Mayhoff,

Grasberger, Fels, Wannowski, E. Opitz, v. Jan, Detlefsen u. A. brauchbares boten wurde verwerthet und es sei dies hier, da sich in der Darstellung nicht überall jede entlehnte Einzelheit auf die erste Beobachtung zurückführen liess, in gebührender Weise erwähnt. Einzelne Punkte, die ich bereits in einer gewissen Vollständigkeit behandelt fand, so besonders die Bereicherung des Wortschatzes, die den vorzüglichsten Gegenstand und den werthvollsten Theil der Abhandlung Wannowskis bildet, hätte ich nur mit Ergänzungen und Berichtigungen zu wiederholen vermocht, die mir keine Berechtigung zu geben schienen zu erneuter Behandlung. Ich schied sie daher, da ihr Fehlen den Plan des Ganzen nicht wesentlich alterirte, lieber aus oder begnügte mich darauf zu verweisen. Dass ich aber trotz der dankenswerthen Förderung durch die genannten Gelehrten in der Hauptsache auf mich selbst angewiesen war, wird jeder Kenner der Plinianischen Literatur willig einräumen und ich sage es hier auch nur, um Entschuldigung zu finden für vieles Unvollkommene in meiner Arbeit.

Die Beschaffenheit der Ueberlieferung oder die Dunkelheit des Sinnes vieler der herangezogenen Stellen verlangte eingehendere kritische oder exegetische Behandlung, die ohne störende Unterbrechung des Zusammenhangs im Texte nicht Platz finden konnte und daher in einen eigenen Anhang verwiesen wurde.

Die Anordnung des Stoffes habe ich im Ganzen und Grossen in Uebereinstimmug gehalten mit dem zweiten Theile von Drägers Schrift „Syntax und Stil des Tacitus“, ohne mich jedoch im Einzelnen streng an jenes Schema zu binden oder mich auf dasselbe zu beschränken. Ich that dies nicht aus bloser Bequemlichkeit, sondern es schien mir dieser Anschluss, wie am Schlusse des § 22 ausdrücklich bemerkt ist, wünschenswerth um die Vergleichung zwischen Plinius und Tacitus zu erleichtern.

Innsbruck, im Mai 1883.

Joh. Müller.

Inhalt.

— IX —

I. Wortstellung.

§ 1. Abweichend von der einfachen und gewöhnlichen Wortfolge rückt das Subject ans Ende des Satzes, weil andere Satztheile mit dem Vorhergehenden in näherer und bedeutsamer Beziehung stehen und desshalb vorantreten, oder mit der Wirkung, die Quintilian 9, 4, 29 bezeichnet „in clausula positum adsignatur auditori et infigitur": 8, 43 odore pardi coitum sentit in adultera leo. 9, 170 quadragiens HS. e piscina ea defuncto illo (Lucullo) veniere pisces. 11, 151 nocturnorum animalium veluti felium in tenebris fulgent radiantque oculi. 16, 117 celerrime vero senescit et in senecta deteriorem fructum gignit malus. 28, 156 canis rabiosi morsu facta volnera circumcidunt ad vivas usque partes quidam. 34, 92 non aere captus, nec arte, unam tantum Zenonis statuam Cypria expeditione non vendidit Cato. 16, 187; 22, 1; 33, 53; 37, 63. — 11, 45 rursus fumo nimio inficiuntur, quando iniuriam celerrime sentiunt mella. 16, 8 tum a pedibus eorum (tribunorum) subiere in capita civium rostra. 19, 2 seritur ac dici neque inter fruges neque inter hortensia potest linum. 8, 226 Boeotiae Lebadeae inlatae solum ipsum fugiunt quae iuxta in Orchomeno tota arva subruunt talpae. 36, 48 primum Romae parietes crusta marmoris operuisse totos domus suae in Caelio monte Cornelius Nepos tradit Mamurram. 10, 123; 134; 137; 18, 157; 33, 48; 35, 20.

Mit der gleichen Wirkung kommen nähere Bestimmungen des Prädicates oder eines anderen Satztheiles an den Schluss zu stehen. 8, 30 (elephanto) cancellata cutis et invitans id genus animalium odore. 35 narrant in mari-

timis eorum (Asachaeorum) quaternos quinosque (dracones)
inter se cratium modo inplexos erectis capitibus velificantes ad
meliora pabula Arabiae vehi fluctibus. 57 simili modo Elpis
Samius natione in Africam delatus nave etc. 14, 30 sed et
austera (coccolobis) transit in dulcem vetustate. [1]) 12, 64 sunt
et quae sacerdotibus dantur portiones scribisque regum certae.
15, 136 namque Liviae Drusillae ... gallinam conspicui candoris sedenti aquila ex alto abiecit in gremium inlaesam. 2,
62 modo ne quis desperet saecula proficere semper. 17, 124
servandum ut sectura inferior ponatur semper. 19, 169 fuisse
autem (papaver) in honore apud Romanos semper. 16, 144
quin et Harpalum omni modo laborasse ut sereret eam (hederam) in Medis frustra. 15, 135 ob has causas equidem
crediderim honorem ei (lauro) habitum in triumphis potius
quam quia etc. statt *ob has potius causas*. 35, 86 namque
cum (Alexander) dilectam sibi ex pallacis suis praecipue ...
nudam pingi iussisset etc. 89 adgnoscente voltum plani rege
inchoatum protinus. 4, 97 promunturium Cimbrorum excurrens
in maria longe. 34, 6 (simulare eam scientiam videtur magis)
quam intellegere aliquid ibi subtilius.

Das Verbum rückt aus denselben Gründen an den Au-
fang des Satzes, speciell sehr oft die Verba dicendi und sen-
tiendi *dicunt, aiunt, ferunt, tradunt, putant, credunt* bei merk-
würdigen und auffälligen Angaben, oder um unverbürgte von
sicheren zu scheiden: 25, 14 dixit Democritus, credidit Theophrastus esse herbam etc. 17, 99 tradunt et monedulam con-
dentem semina in thensauros cavernarum eiusdem rei praebere
causas. 20, 6 putant conceptus adiuvari adalligato semine.
18, 273 ferunt Democritum etc. 11, 44 feruntque societate
fraudata alvos mori. So *aiunt*, um dies weiter allein zu be-
legen: 18, 45; 156; 19, 142; 20, 12,; 21, 156; 23, 28; 145;
24, 72; 133; 28, 154; 36, 141; 149; 37, 98.

§ 2. In der Stellung des *Genetiv* herrscht grosse Freiheit.
Der Genetiv des Landes neben Namen von Städten, Flüssen u. dgl.
steht regelmässig n a c h, an allen später in § 42 anzuführenden Stellen.

Er steht v o r a n eines vorhandenen Gegensatzes halber:

21, 17 in Campania Italiae, Graeciae vero circa Philippos. 3, 4 Abyla Africae, Europae Calpe. 8, 226 Boeotiae Lebadeae ... iuxta in Orchomeno. Vgl. dagegen 36, 128 a Magnesia Macedoniae ... in Magnesia Asiae.

Ein gedachter Gegensatz kann Grund der Voranstellung sein: 11, 191 in Euboeae Chalcide. 18, 80 in Hispaniae Carthagine. 31, 50 in Macedoniae Pella (vgl. 5, 74). 5, 147 Pamphyliae Cabaliam (vgl. 101). Doch ist er nicht wirksam gewesen 21, 19 Carthagine Hispanine 37, 97 in Orchomeno Arcadiae. 13, 5 und 31, 17 Solis (Solos) Ciliciae (vgl. 5, 130 Soloe auf Kypros). Und ein Gegensatz kann nicht massgebend gewesen sein 15, 43 a Syriae Damasco (13, 54 in Damasco Syriae). 36, 129 in Aethiopiae Zmiri. 2, 244 Cappadociae Mazuca. 4, 51 Euboeae Carysto.

Die Wortfolge *rerum natura* ist überaus häufig: 2, 49; 54; 102; 116; 149; 160; 204; 238; 248; 3, 2; 4; 4, 88; 5, 88; 97; 8, 44; 225; 10, 141; 142; 11, 4; 6; 12, 1; 16, 2; 19, 56; 26, 10; 36, 71. Daneben *natura rerum*, nur seltener: 7, 7; 8, 102; 11, 1; 8; 12; 18, 272; 36, 125; 37, 1. (Vgl. Sillig zu 37, 1). Umgekehrt ist die Wortfolge *orbis terrarum* häufiger: 2, 160; 3, 17; 4, 96; 6, 81; 205; 14, 2; 19, 5; 36, 116, *terrarum orbis* seltener: 3, 3; 6, 30; 36, 101, wenn man absieht von den Verbindungen 2, 248 a medio terrarum orbe. 30, 1 in toto terrarum orbe. 6, 141 terrarum orbis situs.

Statt der stehenden Wortfolge *tribunus plebis* findet sich 18, 15 undecumus plebei tribunus; neben praefectus fabrum (36, 48), praefectus annonae (34, 21) u. dgl. findet sich 11, 223 urbis praefecto; neben senatus consulto 3, 138 vetere consulto patrum (vgl. 33, 78 vetere interdicto patrum).

Bei der Concurrenz von *Genetivus subiectivus* und *obiectivus* findet sich 13, 105 die Wortfolge advenarum oblivione patriae, dagegen 34, 141 laborum dei patientia

§ 3. Einfache Attribute werden vor das Substantiv gestellt, wenn sie betont sind, meistens eines Gegensatzes halber: 13, 19 inversa manu im Gegensatz zu dem folgenden carnosa pars (manus), während 12, 121 manu inversa steht, ohne Gegensatz. 37, 187 marini cancri colore (sc. non fluviatilis), aber 32, 58 cancri marini. 33, 54 aureae domus wegen des Vergleichs mit der geringeren Goldverschwendung am Theater des Pompeias, 34, 84 domus aureae. 7, 6 generis humani, 16, 8 a genere humano, dagegen 2, 174 hic tumultuamur humanum genus, weil das Adjectiv für den Gedauken wichtiger ist als das Substantiv und 26, 15 humano generi, weil im Gegensatz zu *unum hominem* das Substantiv durch die invertirte Stellung gehoben werden sollte — toti generi humano. 31, 32 quo fit ut *pluviae aquae* sordium plurimum inesse sentiatur citissimeque ideo calefiat *aqua pluvia:* an erster Stelle ist der Gegensatz angedeutet, bei der überflüssigen Wiederholung derselben Wortverbindung tritt passend die gewöhnliche Stellung ein. 11, 17 (cerinthus) et ipse *amari saporis* hat es beliebt an den Gegensatz *dulcis* zu denken, während 11, 16, worauf hingewiesen wird, ohne diesen Nebengedanken steht: (commosis) saporis amari. Ebenso 30, 81 cum suo luto und 80 cum luto suo. Als einfache Zeitangabe bello civili 7, 96; 36, 116; bellis civilibus 10, 135; initio belli civilis 19, 40. Mit Betonung des Adjectivs: civilium bellorum 16, 7; 8, 55; 9, 173. Aber auch *anno ante sociale bellum* 2, 199; ante Marsicum bellum 9, 168; Troiano bello 7, 202; Cimbrico bello 22, 11. Hingegen tritt z. B. die Verbindung *equester ordo*, wie es scheint, nur in dieser Wortfolge auf: Praef. 3; 5, 12; 6, 160; 7, 88; 184; 10, 71; 12, 13; 32, 15; 33, 18; 32; 34; das. *equestre nomen.*

Bei erweiterten Attributen ist die nachdrückliche Voranstellung dem Plinius völlig geläufig: 3, 33 multo Galliarum fertilissimus Rhodanus amnis. 4, 54 magnifica et fertilitate praecipua Zacynthus. 5, 2 colonia a Claudio Caesare facta Lixos. 121 ex Mysia veniens Caicus amnis. 7, 56 versutus ingenii mango. 81 corpore vesco sed eximiis viribus Tritanum. 10, 116 minimae avium cardueles. 12, 38 mali cotonei amplitudine cucurbitas. 16, 74 tinguendisque vestibus nascentes genistae. 19, 8 ultimique hominum existimati Morini. 35, 20 extinctus nuper in longa senecta Titedius Labeo. 25, 18 dracunculum appellatum caulem. 18, 152 cantharis dictus scarabaeus parvus. 4, 88 Pterophoros appellata regio.

2, 238 Theon ochema dictum Aethiopum iugum. 237 ille iucundus
frondemque densi supra se nemoris non adurens et iuxta geli-
dum fontem semper ardens Nymphaei crater. 8, 39 natam in
Scandinavia insula nec umquam visam in hac urbe, multis
tamen narratam achlin. 37, 18 myrrhino $\overline{LXX}$ HS empto,
capaci plane ad sextarios tres calice. 5, 76; 124; 14, 42; 28,
156; 30, 82; 32, 74; 34, 19; 41; 36, 194.

Ebenso gewönlich ist die Voranstellung der Apposition: 2, 13 principi litterarum Homero. 18 maximus omnis
aevi rector Vespasianus. 3, 151 a fratre Medeae ibi interfecto
Absyrto. 5, 83 in praefectura Armeniae maioris Caranitide.
6, 117 a praefecto Mesopotamiae Nicanore. 120 ductu Pompei
magni terminus Romani imperii Oruros. 9, 65 sargus nomine
alius piscis. 124 eadem mater luxuria. 14, 12 legatum regis
Pyrrhi Cineam. (7, 88 Cineas Pyrrhi regis legatus). 147
interfectori patris sui M. Antonio. 17, 37 fons ingeniorum
Homerus. 25, 7 libertum suum Lenaeum. 28, 15 Etruriae
celeberrimus vates Olenus Calenus. 31, 125 mollissimum genus
earum (spongearum) penicilli. 34, 45 in civitate Galliae Arvernis. 35, 54 fratrem eius Panaenum. 91 patris Caesaris.
(27 Caesaris patris). 36, 74 Sesosidis filius Nencoreus.

§ 4. Von Eigennamen abgeleitete Adjectiva stehen
bald voran, bald nach je nach ihrer Bedeutsamkeit für den
Gedanken, aber auch ohne erkennbaren Unterschied. Als Beispiele greifen wir das wol häufigste Adjectiv *Romanus* und
die Strassennamen heraus: populus Romanus 18, 62; 24, 5.
nominis Romani 17, 2; 33, 48 (universo nomine R.). Romani
nominis 15, 76; 36, 108. imperii R. 7, 95; 22, 5. Romani
imperii 3, 31; 5, 76; 6, 120; 14, 2. regibus R. 33, 9. Romani
proceres 7, 112. sacerdotes R. 2, 188. Romanorum ducum 5,
14; 26, 19. civium R. und civitas R. 3, 15; 20; 22; 23; 24;
5, 36. Romanis legionibus 33, 9. Romana arma 4, 97; 102;
5, 11; 6, 160; 12, 55. armis R. 5, 36. Romana maistas 15,
19. Romanae pacis 27, 3. Vgl. *G. Andresen*, de vocabulorum
apud Tacitum collocatione, Berlin 1874, p. 16. — via Aemilia
2, 199. Aemilia via 19, 9. viae Appiae 10, 122. Appia via
29, 9. Flaminiae viae 15, 137; 23, 95. Praenestina via 31,

42. Salariae viae 31, 89. via sacra 19, 23, wozu vgl. Haase, Vorlesungen über Lat. Sprachw. 1, S. 212. Kühner, Lat. Gr. 2 S. 1067 A. 2.

Speciell von Städte- und Ländernamen abgeleitete Nomina finden sich in der ungewöhnlichen Stellung: 2, 236 Cnidius Ctesias. 7, 31 Pergamenus Crates. 166 Pheraeus Iason. 204 Troezenius Ardalus. 12, 30 Indica loto. 25, 10 Colchis Media ... Itala Circe. 26, 3 quodam Perusino equite Romano. 36, 94 Aegyptiae Thebae (37, 141 Thebae Aegyptiae).

§ 5. Der Beiname steht vor dem Nomen proprium: Magnus Pompeius 5, 68; 7, 53; 81; 115; 9, 170; 12, 20; 20, 144; 34, 139. (Pompeius magnus: 3, 18; 6, 120; 7, 93; 94; 95; 8, 4; 53; 70; 84; 12, 111; 37. 11). Magni Alexandri 13, 101; 34, 70. Censorius Cato 7, 171. Uticensis Cato 7, 113, in Gegenüberstellung. Olympium Periclen 34, 74. Sequentis Ptolemaei 37, 108 (Ptolemaeus sequens 6, 165. Africanus sequens 7, 144; 211; 15, 126; 33, 141). Capitolino Iovi 37, 18.

§ 6. Das Cognomen steht vor dem Nomen, bei öfter wiederkehrenden Eigennamen ungefähr eben so oft, als nach dem Nomen: Nepos Cornelius 2, 169; 3, 4; 125; 4, 77; 6, 5; 199; 9, 61; 136; 13, 104; 36, 59. Cornelius Nepos 3, 132; 5, 4; 6, 31; 10, 60; 16, 36; 33, 146; 35, 16; 36, 48. Hingegen in den Autoren-Verzeichnissen 12mal Cornelio Nepote und 3mal Nepote Cornelio. Pollio Asinius 36, 23; 24; 33. Asinius Pollio Praef, 31; 7, 115; 35, 10; VII. Alexander Cornelius 7, 155; 13, 119. Cornelius Alexander 3, 124; 16, 16 (In den Autoren-Verzeichnissen Alexandro polyhistore) Gallus Sulpicius 2, 83. Paulus Aemilius 4, 39; 34, 54. Nicatorem Seleucum 6, 31. Balbus Cornelius 7, 136. Stolonis Licinii 18. 17. Sura Mamilius 18, 143. Aemilianum Scipionem 26, 19. Attico Pomponio XXXIII. Drusus Livius 33, 141. Catum Aelium 33, 142.

§ 7. Amtstitel stehen bei Plinius noch regelmässig nach dem Namen, selten voran: *Caesar dictator* 5, 128; 7, 91; 8, 155; 17, 244; XVIII; 19, 40; 28, 21; 35, 21; 26; 136; 36, 134. (An vielen andern Stellen kann *dictator* praedicative Be-

stimmung sein „als Dictator": 7, 126; 8, 21; 53; 182; 9,
171; 11, 186; 14, 97; 18, 211; 19, 23; 34, 18; 36, 102;
103; 37, 11). Hingegen *dictator Caesar* nur 8, 69; 2, 98 und
in Gegenüberstellung 7, 181 duo Caesares, praetor et praetura
perfunctus dictatoris Caesaris pater, der Abwechslung halber
4, 10 Demetrius rex, dictator Caesar, Gaius princeps, in Concurrenz mit einer zweiten Apposition 7, 117 dictator Caesar
hostis quondam tuus. Ebenso regelmässig *Sulla dictator* 2,
144; 7, 187; 11, 114; 22, 12; 37 9; 34, 26. Dictatore
Sulla 3, 80. *Nero princeps* 2, 199; 232; 6, 40; 8, 21; 12,
83; 13, 22; 16, 200; 236; 17, 5; 245; 18, 35; 19, 39; 28,
238; 31, 40; 33, 90; 34, 48; 63; 82; 35, 51; 168; 37, 17;
45; 64: also 23mal gegen 5mal *princeps Nero* 6, 181; 18, 7;
19, 24: 108; 30, 14. Vgl. Gai et Neronis principum 36, 74.
Principum Gai et Neronis 36, 111. Auch *rex* steht bei Plinius häufiger nach als voran: *Pyrrhus rex* 7, 20; 88; 8, 16;
11, 197; 18, 307; 28, 34; 33, 42; 34, 78. *Rex Pyrrhus* 11,
186; 14, 12. Vgl. 7, 126 rex Attalus .... Candaules rex.

§ 8. Trennung des grammatisch Zusammengehörigen

In der freieren Anordnung der zu einem Satze vereinigten
Wörter hat Plinius natürlich vieles mit anderen Prosaikern
gemein und vielleicht findet sich bei ihm keine einzelne Abweichung von der einfachen grammatischen Wortstellung, die
sich nicht auch irgend ein Anderer erlaubt hat. Doch wird
sich leicht nachweisen lassen, dass durch die überaus häufige
Wiederkehr der einzelnen Abweichungen, durch die fast regel-
mässige Trennung des grammatisch Zusammengehörigen und
die Vertheilung des Getrennten an die verschiedenen Stellen
des Satzes das gewöhnliche Mass von Freiheit weit über-
schritten ist.

1) Trennung des Regirten durch Zwischenstellung
des Regirenden: 2, 2 humanae coniectura mentis. 13 humani
nubila animi. 19 omnium aliorum nomina deorum. 4, 62
quingentos longa stadios. 7, 80 in totius odium generis humani. 117 Roscio theatralis auctori legis. 8, 6 litterarum

ductus graecarum. 11, 24 adprehensi pondusculo lapilli. 32
optimorum doliolis florum. 245 priorum ministerio pedum.
14, 101 e milii semine maturi. 15, 8 unde et Liciniae gloria
praecipua olivae. 21, 99 aculeatarum caules aliquarum. 33, 75
insistentis vestigiis hominis. 34, 11 Theonis iussu praeconis.
— 2, 10 tot stellarum illos conlucentium oculos. 8, 52 agente
adnexarum lascivia simiarum. 132 subrosae conplexos fascem
herbae supinos — detrahi. 167 omnium pretio animalium
victo. 10, 3 caeruleam roseis caudam pinnis distinguentibus.
11, 105 populo Romano ad Sibyllina coacto remedia confugere.
15, 82 ficis mollis omnibus tactus. 16, 202 quatuor hominum
ulnas conplectentium implebat. 17, 152 natura praecipua tradenda cura. 19, 179 absinthi sucus decocti inspersus. 21, 64
florum prima ver nuntiantium viola alba. 117 laus cypero
prima Hammoniaco. 33, 108 addito in linteolis tritico et hordeo
novis. 35, 89 adgnoscente voltum plani rege inchoatum.

2) Trennung coordinirter Satztheile durch Zwischenstellung des Gemeinsamen: 6, 39 Armeniae confinium atque
Hiberiae. 7, 41 melior color marem ferenti et facilior partus.
9, 45 (platanistas vocant) rostro delphini et cauda. 13, 96
(mensis) iu venam crispis vel iu vertices parvos. 15, 135 quia
(laurus) suffimentum sit caedis hostium et purgatio. 19, 6
frugum causa victusque. 33, 146 aut acere operta aut citro.
34, 148 ipsius mors et Ptolemaei regis. 35, 5 palaestras
athletarum imaginibus et ceromata sua exornant. 36, 87 in
regiones divisum atque praefecturas. 6, 98 aeris et ferri metalla et arrenici ac minii exerceri. 5, 12 cuius efficacissima
vis sentitur atque maxima. 6, 182 et Syriae imperitasse eam
nostroque litori. 8, 214 contrario pilo vestiri et ad caput verso.
21, 159 gratiam his veneremque conciliari. 25, 26 inventionem
eius Mercurio adsignat contraque summa veneficia demon-
strationem. 20 stomacacen medici vocabant et scelotyrben ea
mala. 34, 147 de magnete lapide suo loco dicemus concor-
diaque etc. 17, 112 et caespite ab imbre frigoribusque pro-
texisse ac mollibus bifidorum viminum fasciis. 7, 169 certis
pestifer calor remeat horis aut rigor. 16, 176 ... vitis ipsa
recisisque aculeis rubi alligant et intorta corylus. 10, 122

hunc sive aemulatione vicinitatis manceps proximae sutrinae sive iracundia subita ... exanimavit. 123 satis iusta causa p. R. visa est exsequiarum ingenium avis aut supplicii. 18, 150 cum amplitudine inchoata granum, sed nondum matura, prius quam roboret corpus, adflatu noxio ... evanescit.

3) Zwischen das attributive Adjectiv oder Particip und seine nähere Bestimmung tritt das Substantiv, zu dem Adjectiv und Particip gehören: 35, 61 ab hoc artis fores apertas Zeuxis Heracleotes intravit statt *apertas ab hoc* (Apollodoro Atheniense) *artis fores*. 21, 99 anchusa inficiendo ligno cerisque radicis aptae. 28, 29 duabus litteris Graecis P Λ chartam inscriptam. 8, 184 insigne ei (Api) in dextro latere candicans macula cornibus lunae crescere incipientis statt *macula cornibus lunae candicans*. (Vgl. 11, 51 macula quodam diademate candicans). 2, 29 tracti umoris ignea vi abundantiam reddunt statt *umoris ignea vi tracti abundantiam*. 7, 131 calculi candore illo laudato die statt *die illo calculi candore laudato*. 13, 77 madente tabula Nili aqua statt *in tabula madente Nili aqua*. 34, 88 in tubicine et matri interfectae infante miserabiliter blandiente. 36, 103 HS. |C̄X̄L̄V̄ĪĪĪ| domo empta. 15, 78 sidentia imperii fundamenta ostento fatali. 12, 10 laxe ramorum trabibus scamna patula.

Madvig hat diese Stellung für Livius nachgewiesen, Emend. Liv. [2] p. 329 ff. Vgl. Advers. crit. 2 p. 529.

4) Grammatisch zusammengehörende Wörter werden durch andere nicht streng oder lediglich in ihren Bereich fallende getrennt: 14, 52 non maria plus temerata conferre mercatori ... quam sedulum ruris larem. 15, 70 siccandis haec sole in annuos usus aptissima. 8, 7 praedam ipsi in se expetendam sciunt solam esse in armis suis. 85 colorem eius plerasque (serpentes) terrae habere in qua occultentur. 11, 230 quibusdam post geniti (pili) viris sponte non gignuntur. 34, 47 praeceptori suo Germanicus Caesar adamata donaverat. 7, 148 (Augusti) preces Proculeio mortis admotae. 22, 73 Asphodelum ab Hesiodo quidam halimon appellari existimavere. 17, 227 fiunt et culpa vitia colentium. 29, 94 multum pingues inertiores. 6, 76 unam Herculi sexus eius

genitam ferunt. 20, 58 qua pisces in mare deiecta protinus necantur. 11, 234 detracto illa alumno suo sterilescit.[2]) 19, 179 quo si amisso euatae sint. 14, 3 (requirenda) etiam ea quae invenerant prisci desidia rerum internecione memoriae indicta. 2, 110 patrocinatur vastitas caeli inmensa discreta altitudine in duo atque septuaginta signa statt *inmensa altitudine, discreta*. Vgl. Sillig z. St. 18, 10 ut quisque aliquod optime genus sereret. (Vgl. 33, 94 pineis optime lignis und 17, 109 cuneo optime osseo, wo das Adverb zu den Adjectiven gehört). 12, 78 peregrinos ipsa (Arabia) mire odores et ad exteros petit. 8, 70 Pompei Magni primum ludi ostenderunt chama. 33, 148 Asia primum devicta luxuriam misit in Italiam. 14, 90 hoc tum nomen vino erat. 10, 27 nulla tunc avium suavitate carnis comparatur illi. 14, 62 nec ulli nunc vino maior auctoritas.[3]) 31, 53 nascuntur fontes decisis plerumque silvis. 8, 176 (bubus) Epiroticis laus maxima a Pyrrhi, ut ferunt, iam inde regis cura. 32, 34 urinam aliter earum quam in vesica dissectarum inveniri posse non arbitror. (Weniger willkürlich trennt *magis* das Zusammengehörende: 14, 25 Etruria nulla magis vite gaudet. 8, 150 haud alio magis spectaculo laetatus). — 35, 167 quidquid attingitur mari terrae. 37, 104 partemque in signo cerae tenent. 10, 43 (pavo) gemmantes laudatus expandit colores. 37, 80 (opali) pretiosissimarum gloria compositi gemmarum. 8, 198 Syriae cubitales ovium caudae. 4, 110 (Pyrenaei iuga) brumali breviores latere quam meridiano Hispanias faciunt. 11, 229 pili e cute exeunt crassa hirti. 35, 172 domum Trallibus regiam Attali. 8, 48 captivam certe Gaetuliae reducem audivi multorum silvis impetum a se mitigatum adloqui ausa: „in silvis" ist nicht attributiv, sondern gehört zur ganzen Aussage oder speciell zu *impetum*. 37, 13 transtulit alveum cum tesseris lusorium. 2, 104 circa terram inmenso rerum causas globo ostendit: „rerum causas" gehört zu *ostendit*, aber *circa terram inmenso globo rerum causas ostendit* war dem Schriftsteller zu wenig gebunden. (Vgl oben 14, 3). 37, 148 per album sardae nigrumque venis transeuntibus. 17, 78 populos eadem ratio semine quae ulmos serendi. 13, 88 Mucianus prodidit nuper se legisse ... Sarpedonis ab Troia scriptam in quodam templo epistulae chartam: „in quodam templo“ gehört zu *legisse* und ist so gestellt als wäre *scriptam* = servatam. 8, 37 ut divo Claudio principe occisae in Vaticano solidus in alvo spectatus sit infans: da *in alvo* vor *occisae* nicht Platz gefunden hatte, wird die Einförmigkeit der Ortsbestimmungen durch einen Theil des Subjects unterbrochen. Ebenso 13, 73 nuper et in Euphrate nascens circa Babylonem papyrum intellectum est eundem usum habere. 7, 66 et hoc tale tantumque omnibus tricenis diebus malum in muliere existit. 14, 38 municipii suam Pompei nomine appellant statt *municipii nomine suam* (uvam) *Pompei* ap. 25, 66 cum Herculis excepti hospitio pertractanti arma sagitta excidisset. 2, 30 potentia autem ad terram magnopere eorum pertinens, quae etc. statt *potentia autem eorum ad t. m. p.* 28, 256 e bove silvestri nigro si sanguine ricini lumbi perungantur statt *si sanguine ricini e bove s. n. l. p.* (Vgl. die Voranstellung des Praepositionalausdrucks ohne Trennung vom Beziehungswort: 28, 156 ius ex eodem (vitulo) carnis decoctae. 8. 174 cum equa muli coitu natum). 10, 115 caprisque caecitas quas ita mulsere oboritur: das Subject des Hauptsatzes hat sich zwischen den Relativsatz und sein Beziehungswort gedrängt. Vgl. Liv. 39, 25, 9 ibi navibus onerariis comparatis regem, quae praeter Thebas Demetriadem cursum derigerent, negotiationem maritimam omnem eo avertisse.

5) Bei der sogenannten Sperrung umschliessen die grammatisch zusammengehörenden Wörter oft ausgedehnte Wortcomplexe, theils sie abrundend zu einem geschlossenen Ganzen, theils auch durch Zwischensätze und unter der Hand sich bietende Erweiterungen soweit von einander gerückt: 2, 200 maximus terrae memoria mortalium exstitit motus Tiberii Caesaris principatu. 3, 123 oppidum Eporedia Sibyllinis a populo Romano conditum iussis. 11, 4 quos teredini ad perforanda robora cum sono teste dentes adfixit (natura)! 82 derelicta lasso praetendi summa parte arbitrere licia. 36, 14 glaeba lapidis unius cuneis dividentium soluta. 21, 89 reliqua volgarium in cibis apud eos herbarum nomina: mit einer zweiten Sperrung in der Mitte, *reliqua—nomina, volgarium—*

herbarum. 10, 9 ave in diverso et ubi minime se credat exspectari emergente. 26, 1 novos omnique aevo priore incognitos non Italiae modo verum etiam universae prope Europae morbos. 16, 249 nihil habent Druidae — ita suos appellant magos -- visco et arbore in qua gignatur, si modo sit robur, sacratius.

Hatte in allem Früheren die Wortstellung Nachdruck, Vermeidung von Monotonie, Abrundung der Rede zum Zweck, so gilt das von den letzten Beispielen nicht, vielmehr müssen so umfassende Zwischenschiebungen als Schwerfälligkeit angerechnet werden.

So auch die weite Trennung des G e n e t i v vom N o m e n zu dem er gehört: 29, 66 basilisci, quem etiam serpentes ipsae fugiunt, alias olfactu necantem, qui hominem, vel si aspiciat tantum, dicitur interimere, sanguinem . . . celebrant. 123 aquilae, quam diximus pullos ad contuendum solem experiri, felle mixto etc. 33, 35 postea trossuli (appellati), cum *oppidum* in Tuscis citra Volsinios p. VIIII sine ullo peditum adiumento cepissent *eius vocabuli.* 2, 41 sidus, terris familiarissimum et in tenebrarum remedium ab natura repertum lunae. Trennung des Doppelablativs durch eine Parenthese: 14, 144 (virtute bibendi meruit) apud nos cognomen etiam Novellius Torquatus .... tribus congiis — unde et cognomen illi fuit — epotis uno impetu.

6) Zwei Satzgliedern g e m e i n s a m e Wörter werden in das z w e i t e Glied eingeschaltet oder stehen an dessen Spitze, statt in das erste oder an den Schluss des zweiten gestellt zu werden: 2, 119 (subsolanus-volturnus) illum apelioten, hunc Graeci eurum appellant. 17, 107 id etiam religionis servant, ut luna crescente, ut calamus utraque deprimatur manu statt: *ut luna crescente, ut utraque manu calamus deprimatur,* oder: *ut luna crescente calamus, ut utraque m. d.* Hiernach lässt sich auch wol 11, 8 die Ueberlieferung des Cod. M. *nobis propositum est naturae rerum manifestas indicare, non causas indagare dubias* wahren mit der gesuchteren Wortstellung statt: *non dubias indagare causas,* wozu schon Mayhoff geneigt war, z. St. [4]) 28, 184 talum candidi iuvenci . . . decoctum

et inlitum linteolo candorem cutisque erugationem praestare: gewiss statt *candorem erugationemque cutis;* denn für welch' anderen candor als den der Haut sollte das Schönheitsmittel gut sein? Also mit der sonst nur den Dichtern eigenen Versetzung der Partikel *que.* 8, 55 iugo subdidit eos (leones) primusque Romae ad currum iunxit 'M. Antonius: die zwei Satzglieder enthalten nicht zwei Handlungen, sondern eine Handlung in zwei Momenten und es muss die nähere Bestimmung *primus Romae* ebenso auf das erste Satzglied wie auf das zweite bezogen werden, also ebenfalls, wie Urlichs in der Chrestomathie z. St. richtig bemerkt, mit Versetzung der Partikel *que* statt: *iugo subdidit eos et ad currum iunxit primus Romae M. A.*[5]) — 9, 131 (purpurae genus) lutense putre limo et algense *enutritum* alga. 5, 20 Cartenna colonia Augusti legione secunda, item colonia eiusdem *deducta* cohorte praetoria Gunugu (nach meiner Aenderung der Stelle, Emend. I S. 10). Praef. 11 verum dis lacte rustici multaeque gentes, et mola tantum salsa *litant* qui non habent tura. 22, 32 carcinomata et sordida ulcera sale admixto, item luxata *sanat* et panos. 16, 220 eorum (vermiculorum) alii putrescente suco ipsa materie, alii *pariuntur* .... ex eo qui cerastes vocatur. 229 (rotarum axes) ad quos lentore fraxinus sicut duritia ilex et utroque *legitur* ulmus. [6]) Die leichteren Fälle dieser Stellung des Verbums finden sich überall, wie 2, 22 huic omnia expensa, huic omnia feruntur accepta. Praef. 19 haec fiducia operis, haec est indicatura. Desgleichen die Vertheilung des Praedicats an die einzelnen Satzglieder: 30, 95 muris cerebrum dare potui ex aqua aut cinerem mustelae vel etiam inveteratas carnes irenacei quis possit furenti? 2, 114 (ventos) et e mari videmus. — et alios quos vocant altanos e terra consurgere. 11, 192 sunt qui equo non quidem in iecore esse (fel), sed in alvo putent.

§ 9. Stellung einzelner Redetheile.

1) Das adverbielle *et* wird regelmässig v o r das Wort gesetzt, das den neuen Begriff enthält,[7]) wenn die Beziehung mitunter auch wenig augenfällig ist: 34, 117 probatur (chal-

citis) mellei coloris, gracili venarum discursu, friabilis, nec lapidosa. putant et recentem utiliorem esse, nämlich wie die chalcitis mellei coloris probatur. 28, 55 perfundere caput calida ante balnearum vaporationem et postea frigida, saluberrimum intellegitur, item praesumere et cibis, wie ante balnearum vaporationem perfundere caput. Auch Livius 27, 7, 4 productus et in contionem Laelius eadem edisseruit: liegt in *in contionem* der neue Begriff im Gegensatz zu § 2 in senatum introductus. *)

Oft aber wird nicht ein einzelnes Wort durch *et* als neu eingeführt, sondern mehrere verbundene Wörter oder eine ganze Aussage, und dann ist die Stellung in soferne freier, als *et* nicht immer vorantritt, wie 12, 45 (nardum) Gallicum et cum radice vellitur. 34, 165 mirum et addita aqua non liquescere etc. 36, 41 idem et a Coponio quattuordecim nationes quae sunt circa Pompeium factas auctor est. 2, 198 innoxium et cum concurrentia tecta contrario ictu arietant. 9, 17; 10, 155; 18, 150; 19, 122: sondern auch eingeschaltet wird und mitunter vor Wörter zu stehen kommt, die für den Gedanken nicht die wesentlichsten sind. 2, 115 quidam et specus statt *et specus quidam.* (Vgl. Liv. 25, 22, 8 tres et exercitus. Tac. Ann. 1, 4 aegro et corpore mit Draegers Note). 2, 16 ara et Malae Fortunae (Detlefsen liest mit Junius *et ara M. F.*) — 20, 239 exit et e cauliculo sucus: da *sucus tribus modis exprimitur* d. i., wie Harduin bemerkt, e semine, radice, cauliculo (Vgl. 26, 139) gegenübersteht, statt *et exit e cauliculo.* 2, 127 permutant et duo (venti) naturam cum situ: die Aenderung der Natur ist das Neue, das hinzugefügt wird, also statt *duo et permutant naturam.* 2, 57 compertum est et lunae defectum aliquando quinto mense a priore fieri statt *lunae defectum aliquando et quinto mense a priore fieri.* 21, 178 quamquam et Graeci auctores in iocum vertere statt *et in iocum vertere Graeci auctores.* 34, 40 id quidem providisse et artifex dicitur modico intervallo .... opposita columna: da auch das libramentum ein Werk des Künstlers war, kann sich *et* nicht speciell auf *artifex* beziehen, sondern die ganze Vorrichtung ist das Neue, das eingeführt wird, so dass *et* vor

providisse oder vor *modico intervallo* stehen sollte. 5, 148 unde
et ex eo Astacenus idem sinus statt *et Astacenus ex eo idem sinus.*
20, 71 coquitur et modice cum lenticula: für den Gedanken
ist *modice* nebensächlich und *et* sollte an der Spitze des Satzes
stehen. 5, 130 fuere et ibi Cinyria, Mareum, Idalium statt *et
fuere.* 23, 1 primum enim homini cibum fuisse inde (ex arboribus) et sic inducto caelum spectare statt *sic et inducto.*
Daraus, dass dies verkannt und *et* für die einfache Copulativpartikel genommen wurde, ist die Leseart *inductos* entstanden.
12, 60 quidam et in insulis melius putant gigni: genauer
wäre *et putant melius gigni in insulis.* 34, 83 et de sua arte
conposuit volumina: den vorschwebenden Gegensatz hätte
schärfer angedeutet *et volumina conposuit de s. a.*

2) Für die Voranstellung von *quoque* habe ich nur
eine sicher überlieferte Stelle anzuführen: 28, 160 sic quoque
lacte bubulo cuncta venena expugnari tradunt. Der voraus-
gehende Gegensatz *lacte equino* venena ... expugnantur und
das folgende *sic et caprino iure* scheinen keinen Zweifel über die
Stelle zuzulassen. 8, 81 id quoque fabius ist verdorben überliefert und bis jetzt nicht zu allgemeiner Befriedigung geheilt,
doch liegt am nächsten gewiss *id quoque fabulosius.* 18, 197
kann nicht in Frage kommen. 10, 186 in quibus illud quoque adhuc latet: hat Mayhoff *quoque* auf *adhuc* bezogen und
umgestellt *adhuc quoque latet.* Allein *illud adhuc latet* muss
nicht in *desinit* allein seinen Gegensatz haben, sondern kann
ihn auch haben in der raschen und starken Vermehrung der
Mäuse d. h. *adhuc latet* involvirt *mirum est.*

3) Für die Versetzung der Partikel *que* sind oben
§ 8, 6 zwei Beispiele aufgeführt.

4) *Non* wird vom *Verbum* oder dem zunächst zu ver-
neinenden Worte getrennt: 8, 48 verum falsumne sit non
vita decreverit. 18, 275 primum omnium non hoc evenit nisi
noctibus. 20, 199 non vi soporifera modo, verum, si copiosior hauriatur, etiam mortifera. 33, 1 ceu vero non hoc et
indignatione sacrae parentis exprimi possit. [9]) 10, 134 non
extra terram eam vesci facile = non facile est. 35, 60 omnes
iam inlustres, non tamen in quibus haerere expositio debeat

statt *in quibus tamen non debeat.* Hingegen 37, 17 quae enim non luxuria innocentior existimari possit? ist keine Abweichung vom Gewöhnlichen, da die Stellung von *non* unmittelbar hinter dem Frage- und Relativpronomen allgemein beliebt ist. So auch 7, 145 quos non honores currusque illa sua violentia fortuna retroegit? 30, 15 quae non alia patiente mundo. Vgl. Hand, Tursell. 4 p. 262 f. Tac. Ann. 6, 32; 15, 53.

5) In der Stellung der Praepositionen hat Plinius wenig Unregelmässiges, wenigstens im Verhältniss zu Tacitus.

Sie werden dem Nomen nachgesetzt mit folgendem Adjectiv oder Particip, oder mit folgendem Substantiv im gleichen Casus oder im Genetiv: 11, 78 levitatem propter aestivam. 37, 38 Syrtim iuxta magnam. 4, 50 montes extra praedictos. 3, 5 Bruttium usque promunturium. 11, 32 Hymetto et Hybla a locis. 13, 65 pomum propter usumve aliquem. 14, 21 firmitatem propter senioque proficientem vini eius utique vitam. 34, 40 magnitudinem propter difficultatemque moliendi. 10, 115 suctum propter lactis.

Ist schon diese Zwischenstellung der Praeposition bei Plinius nicht häufig, so findet sich die Stellung nach einem nackten Nomen, von *usque* abgesehen (3, 75 Cretam usque. 35, 167 Aulida usque), nur 35, 77 omnia ante, nach dem nackten Pronomen relativum jedoch wenigstens 5mal, und zwar propter 3, 21; 10, 36; 11, 103; super 4, 112; iuxta 14, 119. — Die Praeposition *in* erst im zweiten Gliede 21, 93 non ingrato, multis etiam religioso in cibo est.

6) Conjunctionen, die regelmässig an der Spitze eines Haupt- oder Nebensatzes stehen, treten an zweiter oder dritter, selbst vierter und sechster Stelle ein, indem sie dem betonten Worte oder einer Wortverbindung den Vorrang lassen oder dem bedeutsamsten Worte sich anschliessen: *Namque* steht nach Mayhoff's Beobachtung, Luc. p. 35 N. 20 viel häufiger an zweiter als an erster Stelle. Nach einem Praepositionalausdruck an dritter Stelle 15, 120 inter antiquissima namque. 18, 126 ante omnia namque. Ebenso *quippe* nicht viel seltener an zweiter (24mal) als an erster Stelle (39mal). Mayhoff. *Itaque* an zweiter Stelle 2, 129 mares itaque. 193;

13, 61; 100; 33, 70. Au dritter Stelle 2, 129 aestivis temporibus itaque. An vierter Stelle 18, 43 omnibus sententiis
absolutus itaque est. Vgl. Urlichs, Chrestomathie z. St. *Ita* an
zweiter Stelle 13, 57 septeno ita numerosa partu. 19, 39. An
dritter Stelle 8, 137 lyncum humor ita. [10] Wie *itaque* 18,
43 sich dem bedeutsamsten Worte angeschlossen hat, so tritt
auch *autem* von der zweiten Stelle an die dritte zurück: 11,
39 (mel) quod concrescit autem minime laudatur. 4, 109
Pictonibus iuncti autem Bituriges. Verum: 13, 97 magna
verum post has gratia. 18, 162 diligentioribus verum. 16
quo verum anno. [11] *Quod:* 34, 13 ostia quod aerata haberet
in domo. *Quamvis:* 5, 54 multis quamvis faucibus in Aegyptium mare se evomat. *Quamquam:* 15, 43 grandiore quamquam ligno. 22, 15 magno quamquam inmensi laboris solatio.
Siquidem: 20, 261 tactae siquidem ea moriuntur. 2, 198 pluribus siquidem modis quatitur. 11, 2. *Utinam ne:* 21, 177
trychno — utinam ne coronarii in Aegypto uterentur. *Licet:*
18, 343 pura circa eum serenitas sit licet.

Sehr oft werden, wie bei anderen Schriftstellern, die Conjunctionen *si* und *ut* zurückgezogen, seltener *cum*, und es sind
die vorangeschobenen Satztheile bald von geringerem, bald
von grösserem Umfange, immer aber tritt die Conjunction entweder unmittelbar vor dem Verbum ein, oder vor den Worten,
die näher zum Bereiche des Verbums gehören. In Betracht
kommt bei *cum* und *si* natürlich nur die Zurückziehung der
Conjunction hinter solche Worte, die lediglich zum Nebensatz
gehören; [12] denn die Voranschiebung des dem Haupt- und
Nebensatze gemeinsamen Subjects oder Objects ist ja das Gewöhnliche. *Cum:* 7, 87; 18, 299; 34, 47. *Si:* 35, 28; 32,
141. 23, 12 uvae florem in cibis si edere gallinacei. 18, 158
reliqua semina cupressi foliis tusis si misceantur. 8, 83 ad
dexteram commeantium praeciso itinere si pleno id ore fecerit.
23, 130 corticem eius intumescentem puer impubis si defracto
ramo detrahat dentibus. 30, 46 cocleae crudae tritae cum
aquae tepidae cyathis tribus si sorbeantur. Unzweifelhaft
scheint die Zurückziehung der Conjunction auch an den zwei
folgenden Stellen: 30, 27 oris saporem commendari adfirmant,

murino cinere cum melle si friceutur dentes. 31, 49 experimeutum huius periculi est, demissa ardens lucerna si extinguitur.[13]) *Ut:* 17, 96; 12, 72; 2, 25; 9, 2. 22, 17 remediis ut tuta ac salva sint. 11, 44 lauti ut purique eximant. 34, 56 uno crure ut insisterent signa. 17, 94 multo iam ut praestet. 7, 1 non ut sit satis aestimare. 10, 82 schwankt die Ueberlieferung. 9, 108 non inproprie callum ut existimari corporis possit. 37, 29 sed prodigii modo ut suum pretium auxerint crystalli. 31, 102 aestus balnearum convalescentes ut tolerare possint.

7) Häufig wird auch das *Pronomen relativum* und *interrogativum* einem Worte des Relativ- und Fragesatzes nachgesetzt, selten mehreren, desgleichen ein paar mal das vergleichende *ut*. 12, 36 semel quod dixisse et in ceteros odores satis est. 35, 60 (unter 4 angeführt). 11, 221 sanguis quibus multus (est). 20, 75 item (cichorio silvestri iuvantur) genitura quibus valetudinis morbo effluat. 24, 63 virgam qui in manu habeant. 19, 68 nomine quae vocatur culix. (So auch, doch selten, Tacitus: Ann. 12, 61 facilitate solita quod uni concesserat. Hist. 5, 3 primo cuius auxilio. Häufig Livius, Weissenborn zu 45, 12, 5. Cicero, Kühner zu Tusc. 1, 8, 16). 28, 41 capillus puero qui primum decisus est. 16, 65 (viucula tiliae) tenuissimum quorum philyrae coronarum lemniscis celebres (Cod. E. *eorum* statt *quorum*). 11, 280 apros in Pamphylia et Ciliciae montuosis salamandra ab his devorata qui edere moriuntur. — 22, 94 deprehendisse qui nisi agrestes possunt? 11, 261 genitalia maribus quibus essent retrorsa diximus. 28, 116 sinistrum umerum quibus monstris consecret, . . . pudet referre. 36, 29 quaestio est in saeptis Olympum et Pana, Chironem cum Achille qui fecerint. — 2, 97 atque ego haec statis temporibus naturae ut cetera arbitror existere (Harduin und die Uebersetzer ziehen verkehrt *naturae* zu *temporibus* statt zu *cetera*). 15, 28 nam cyprinum et e glande Aegyptia ut fieret odorum causa dictum est. 30, 82 sciunt foedissimum animalium in quantum magnificent (Magi).

8) Die Nachstellung des *Adverbiums* und der Ablative *multo, paulo* ist dem Plinius fast so geläufig wie die Vorau-

stellung. 7, 80 rari admodum. 9, 64; 18, 41; 21, 4; 34, 19.
34, 142 ubique propemodum. 7, 88 necessarium maxime. 12,
14; 5, 136. 18, 175 tenue valde. 29, 31 indita auribus optu-
ratis spissius. 35, 25 in tabula pictum inficetissime Gallum.
34, 24 virga quam tenebat forte. 37, 6 nec deinde alia quae
tradatur magnopere. 11, 55 infantis tum etiam. 16, 68 ex-
cellentius etiamnum. 14, 44 magis tamen etiamnum. *Etiam*
sogar durchs Verbum vom Comparativ getrennt: 32, 19 quod
magis miremur etiam; ähnlich *tantum* 12, 26 in fronte Cau-
casi solibus opposita gigni tantum eas. 8, 176 a Pyrrhi iam
inde regis cura. 5, 7 Herculi et Perseo laborata ibi. 11 qui
praefuere ibi. 13, 100 cum praesertim. 15, 15 und öfter.
(Vgl. Hand Tursell. 4, 535 f.). 4, 95 nuda alioqui corpora.
33, 17 libertino patre alioqui genitus: so viel häufiger, als
vorangestellt. 10, 84; 8, 122; 15, 15; 18, 303; 36, 49. (Mayhoff Luc. p. 37 N. 21 L. v. Jan, Jahrb. 93 S. 685). 19, 111
ruris praecipue. 2, 7. 10, 77 argenti aurique praecipue (*prae-*
cipue bezieht sich auf *auri*. Vgl. Ovid Met. 7, 467). 11, 169
castrato prius. 36, 107 inexcogitatum ante. 3, 4 exclusa
antea. 2, 23 in omnes futuros unquam. 35, 44 cum purpuris
pariter. 28, 112 peregrina aeque animalia. 11, 215 negatur
aeque. 9, 124 paria paene. 137; 33, 32; 147; 36, 200. (Vgl.
Weissenborn zu Liv. 31, 1, 5). 9, 124 aeternae prope. 34,
49; 64; 6, 68. 28, 15 non plane. [14]) 16, 43 praestantior longe.
17, 104 longior multo. 18, 41; 24, 108; 30, 37; 37, 65. 13,
38 longius paulo. 11, 119; 35, 98, 36, 44 lividius hoc paulo.
2, 31 ante multo. 7, 186 ante non multo. 33, 146 ante se
autem paulo. 4, 102 mox paulo. 14, 104. ′

II. Satzbau.

§ 10. Selbstverständlich hat Plinius ebenso wenig wie irgend ein Schriftsteller der silbernen Latinität die alten Normen der Anordnung und Verbindung der Sätze völlig verlassen. Um von den einfachsten Verbindungen des Hauptsatzes mit e i n e m Nebensatze oder mit Particip und Nebensatz (wie 28, 14 L. Piso primo annalium auctor est Tullum Hostilium ... Iovem caelo devocare conatum, quoniam parum rite quaedam fecisset, fulmine ictum. 15 cum in Tarpeio ... caput humanum invenissent, missis ob id a senatu legatis Etruriae celeberrimus vates Olenus Calenus ... temptavit), abzusehen, finden sich auch bei ihm die leicht übersichtlichen Periodenformen: Hauptsatz mit zwei nicht coordinirten Nebensätzen, sei's dass die letzteren dem Hauptsatze vorangehen oder folgen oder in denselben eingeschoben sind. 9, 153 ut prope carinam ventum est, nisi praeceleri vi repente rapiunt, absumi spectant. 10, 36 haec ipsa quae esset inter aves qui se scire diceret non inveni. 18, 34 agri ipsius bonitas quibus argumentis indicanda sit, quamquam de terrae genere optimo disserentes abunde dixisse possumus videri, etiamnum tamen traditas notas subsignabimus. 11, 273 quae quamquam vana existimo nec sine cunctatione proferenda, ne in se quisque ea auguria anxie quaerat, attingam tamen. 17, 216 et abunde satu cultuque arborum tractato, quoniam de palmis et cytiso in peregrinis arboribus adfatim diximus, ne quid desit, indicanda reliqua natura est, 18, 343 (nubes) si in exortu spargentur partim ad austrum partim ad aquilonem, pura circa eum serenitas sit licet, pluviam tamen ventosque significabunt. 20, 95 crustae occupent intus vasa omnia in quis aquae fervent, ... si brassica in his decoquntur, abscedunt. 18, 344 cum oriente radii non inlustres eminebunt, quamvis circumdatae nubes non sint, pluviam portendent. 33, 108 quodsi sit argyritis, ut candor ei detur, ... coqui iubetur. 30, 85 quo quis loco primum audiat alitem illam, si dexter pes circumscribatur ac vestigium id effodiatur, non gigni pulices (sc. miraculum est). 24, 80 si magna sit alvos aut sterilis operatio, ne desperatione curam abiciant, id paulatim reduci (sc. utilissimum est). 17, 254 eaedem cum frondere incipiunt, si cacumina rami cuiusque detrahantur, firmiores fertilioresque fiunt. 26, 64 sucus cum colligitur, ne attingat oculos cavendum est. 91 quod si ieiunus quis legerit, si post se alliget, inguinis dolores prohibet. — 16, 240 ibi platanus ostenditur ex qua pependerit Marsyas victus ab Apolline, quae iam tum magnitudine electa est. 18, 111 quantum autem universas terras campus Campanus antecedit, tantum ipsum pars eius quae Leboriae vocantur, quem Phlegraeum Graeci appellant. 16, 51 sunt qui et taxica hinc appellata dicant venena, quae nunc toxica dicimus, quibus sagittae tinguantur. [15]) 18, 196 (sationem locis siccis serius fieri ratio est) ut pluviae sequantur, ne diu iacens atque non concipiens evanescat. 133 remedium eius, ne metentes fugiat exiliendo, ut ab imbre tollatur. 36, 55 differentia eorum (marmoris Augustei et Tiberei) est ab ophite, cum sit illud serpentium maculis simile, unde et nomen accepit, quod haec maculas diverso modo colligunt. Als gleichartig anzusehen sind auch 12, 104 sane enim dicamus et de iunco, quamvis alio herbis dicato volumine, quoniam tamen hic unguentorum materia tractatur. 5, 53 insulas ita innumeras spargit, quasdamque tam vastae magnitudinis, quamquam rapida celeritate, ut tamen dierum V cursu non breviore travolet. — 8, 227 idem (mures aranei) ubicunque sunt, orbitam si transiere, moriuntur. 28, 49 clavum corporis, cum cadit stella si quis destringat vellere, cito sanari aiunt. 36, 66 ipse rex cum surrecturus esset (obeliscum) verereturque ne machinae ponderi non sufficerent, quo maius periculum curae artificum denuntiaret, filium suum adalligavit cacumini. 18, 132 feruntque subtili observatione, quota luna praecedente hieme nix prima ceci-

derit, si totidem luminum die intra praedictum temporis spa-
tium serantur, mire provenire. 24, 2 pomorum onera iumenta
statim sentire ac, nisi prius ostendantur his, quamvis pauca
portent, sudare ilico. 26, 62 narrantque lacte eius (tithymalli)
inscripto corpore, cum inaruerit, si cinis inspargatur, apparere
litteras.

Wie die Zusammenstellung zeigt, konnte von den drei
Periodenformen nur die erste mit einer grösseren Zahl von
Beispielen belegt werden, wiewohl auch sie bei dem Umfange
des Werkes keineswegs häufig genannt werden kann.

Perioden mit drei ausgebildeten Nebensätzen finden sich
bei Plinius nicht. (Mit Abl. abs. als Vertretung des ersten
sind oben zwei Beispiele verzeichnet: 17, 216 und 26, 62).

Andrerseits ist auch die bei anderen Schriftstellern so
beliebte und der Gliederung der Periode so günstige Abwechslung, indem Conjunctionalsätze, Participia und Ablativi
absoluti sich ablösen, bei Plinius selten: 7, 69 cum ita (cum
dentibus) nata esset Valeria, exitio civitati in quam delata
esset futuram responso haruspicum vaticinante, Suessam Po-
metiam . . . deportata est. 8, 15 cum Bocchus rex triginta
elephantis totidem in quos saevire instituerat stipitibus adli-
·gatos obiecisset, procursantibus inter eos qui lacesserent, non
potuisse effici etc. 9, 27 similia de puero in Iaso urbe memo-
rantur, cuius amore spectatus (delphinus) longo tempore, dum
abeuntem in litus avide sequitur, in harenam invectus exspiravit.
7, 186 L. Domitius . . apud Massiliam victus, Corfini captus ab
eodem Caesare, veneno poto propter taedium vitae, postquam
biberat, omni˙ ope ut viveret adnisus est. 28, 29 M. Servi-
lius . . non pridem in metu lippitudinis, priusquam ipse eam
nominaret aliusve ei praediceret, duabus litteris graecis P Λ
chartam inscriptam circumligatam lino subnectebat collo. 8,
201 (Mucianus prodidit) duabus (capris) obviis e diverso cum
circumactum angustiae non caperent nec reciprocationem longitudo in exilitate caeca, torrente rapido minaciter subterfluente,
alteram decubuisse etc. 9, 28 quae faciunt ut credatur Ari-
onem quoque..., interficere nautis in mari parantibus, ad inter-
cipiendos eius quaestus, eblanditum ut prius caneret cithara

congregatis cantu delphinis, cum se iecisset in mare, exceptum ab uno Taenarum in litus pervectum. 119 haec (Cleopatra), cum exquisitis cotidie Antonius saginaretur epulis, superbo simul ac procaci fastu, ut regina meretrix lautitiam eius omnem apparatumque obtrectans, quaerente eo quid adstrui magnificentiae posset respondit etc. 34, 45 omnem amplitudinem statuarum eius generis vicit aetate nostra Zenodorus Mercurio facto in civitate Galliae Arvernis per annos decem ...., postquam satis artem ibi adprobaverat, Romam accitus a Nerone, ubi destinatum illius principis simulacro colossum fecit etc.

Es überwiegen durchaus kurze Hauptsätze und die Participialconstructionen.

Die Ersteren finden sich oft zahlreich zusammen und zwar meistens in der einfachen Beschreibung, wo die Darstellung füglich nichts anderes zu thun hat, als die einzelnen Beschaffenheiten, Verrichtungen u. s. w. zu registriren, wie z. B. 5, 28; 57 f. 8, 28—30; 33; 46; 106; 205 f. 9, 107—109 und oft. Doch geht da die Abgerissenheit der Rede nicht selten sehr weit und gewinnt das Ansehen von Ueberschriften, wie 6, 76 regi eorum elephanti MDC, peditum $\overline{CL}$, equitum $\overline{V}$. pauperior Charmarum rex elephantos LX parvasque reliquas vires habet. ab his gens Pandae, sola Indorum regnata feminis. unam Herculi sexus eius genitam ... ab ea deducentes originem imperitant CCC oppidis. peditum $\overline{CL}$, elephantes D. 8, 85 quod ad serpentes attinet, vulgatum est colorem eius plerasque terrae habere in qua occultentur. innumera esse genera. cerastis etc. 215 simiarum quoque genera hominis figurae proxima caudis inter se distinguntur. mira sollertia. visco inungui etc. 4, 94 reliqua litora incerta signata fama. septentrionalis oceanus. Amalchium eum Hecataeus appellat etc. 10, 19 vulturum praevalent nigri. nidos nemo 'attigit. ideo et fuere qui putarent illos ex adverso orbe advolare. falso. nidificant in excelsissimis rupibus. 97 in Arabia cinnamolgus avis appellatur. cinnami surculis nidificat. plumbatis eos sagittis decutiunt indigenae mercis gratia. 5, 17 Tingitanae provinciae longitudo $\overline{CLXX}$ est. Gentes in ea: Quondam praecipua Maurorum, unde nomen, quos plerique Maurusios dixerunt. attenuata bellis ad paucas recidit familias. proxima illi Masaesylorum fuerat. simili modo extincta est. 13, 97 post haec amplitudo est. iam toti caudices iuvant, pluresque in una. mensae vitia: lignum etc. 18, 254 ergo opera: taleas olivarum ponere etc. 295 opera rustica huius intervalli: terram iterare etc. 16, 5 aliud e silvis miraculum: totam reliquam etc. 35, 131 opera eius: Nemea advecta etc. (Vgl. 129 opera eius sunt equestre proelium etc.).

Kommen die Letzteren, die Participialconstructionen, abwechselnd zur Verwendung und werden sie den Hauptsätzen entweder vorausgeschickt oder in dieselben eingefügt, so hat die Rede noch leidliche Abrundung: 11, 185 (Aristomenes) iterum captus sopitis custodibus somno ad ignem advolutus lora cum corpore exussit. 34, 12 eadem (Gegania) ostentante in convivio empta ludibrii causa nudatus (Clesippus) atque inpudentia libidinis receptus in torum, mox in testamentum, praedives numinum vice illud candelabrum coluit etc. 35, 89 non fuerat ei (Apelli) gratia in comitatu Alexandri cum Ptolemaeo, quo regnante Alexandriam vi tempestatis expulsus subornato fraude aemulorum plano regio invitatus ad cenam venit, indignantique Ptolemaeo et vocatores suos ostendenti, ut diceret a quo eorum invitatus esset, arrepto carbone extincto e foculo imaginem in pariete delineavit, adgnoscente voltum plani rege inchoatum protinus. [16]) 6, 129 Tigris autem ex Armenia acceptis fluminibus claris Parthenia ac Nicephorione Arabas Orroeos Adiabenosque disterminans et quam diximus Mesopotamiam faciens, lustratis montibus Gurdiaeorum circa Apameam Mesenes oppidum, citra Seleuciam Babyloniam $\overline{CXXV}$ p. divisus in alveos duos, altero meridiem ac Seleuciam petit Mesenen perfundens, altero ad septentrionem flexus eiusdem gentis tergo campos Cauchas secat, ubi remeavere aquae, Pasitigris appellatus. 18, 273 ferunt Democritum, qui primus intellexit ostenditque caeli cum terris societatem, spernentibus hanc curam eius opulentissimis civium, praevisa olei caritate ex futuro vergiliarum ortu qua diximus ratione ostendemusque iam planius, magna tum vilitate propter spem olivae coemisse in toto tractu omne oleum, mirantibus qui paupertatem quietemque doctrinarum ei

sciebant in primis cordi esse, atque ut apparuit causa et ingens divitiarum cursus, restituisse mercedem anxiae et avidae
dominorum poenitentiae, contentum ita probavisse opes sibi in
facili, cum vellet, fore: auch dieses Satzgefüge ist im Ganzen
noch ziemlich abgerundet, wiewohl der Ablativ *mirantibus* mit
seinem Gefolge den Fortgang der Rede störend unterbricht.

Wechseln aber die Participialconstructionen nicht ab, ode.
concurriren sie in grösserer Zahl und in Verbindung mit appo
sitionellen und adverbialen Bestimmungen, so kommen unge-
gliederte Conglomerate von Wortverbindungen zu Stande, derei
logische Beziehung und grammatische Einfügung untereinander
nur schwer erkenntlich ist. 6, 84 (Annii Plocami) libertus
circa Arabiam navigans aquilonibus raptus praeter Carmaniam,
XV die Hippuros portum eius invectus, hospitali regis cle-
mentia sex mensum tempore inbutus adloquio percontanti
postea narravit Romanos et Caesarem. 2, 28 sidera, quae ad-
fixa diximus mundo, non illa, ut existimat volgus, singulis
attributa nobis, et clara divitibus, minora pauperibus, obscura
defectis, ac pro sorte cuiusque lucentia adnumerata mortalibus,
nec cum suo quaeque homine oriuntur nec aliquem exstingui
decidua significant. 7, 45 quamquam is quoque (M. Agrippa)
adversa pedum valetudine misera iuventa, exercito aevo inter
arma mortesque ac noxios accessus, infelici terris stirpe omni
sed per utrasque Agrippinas maxime, quae Gaium, quae Domitium Neronem principes genuere totidem faces generis humani,
praeterea brevitate aevi, quinquagensimo uno raptus anno in
tormentis adulteriorum coniugis socerique praegravi servitio
luisse augurium praeposteri natalis existimatur. 7, 143 (Q.
Metelli filius) in ipso tamen flore dignationis suae ab C. Atinio
Labeone — revertens e campo meridiano tempore, vacuo foro
et Capitolio ad Tarpeium raptus ut praecipitaretur, convolante
quidem tam numerosa illa cohorte quae patrem eum appel-
labat, sed, ut necesse erat in subito, tarde et tamquam in
exequias, cum resistendi sacroque sanctum repellendi ius non
esset, virtutis suae opera et censurae periturus, aegre tribuno
qui intercederet reperto a limine ipso mortis revocatus, alien
beneficio postea vixit, bonis inde etiam consecratis a damnat

suo, tanquam parum esset faucium certe intortarum expressique per aures sanguinis poena exacta. 14, 51 cucurritque non nemo ad spectandas uvarum in iis vineis strues, literis eius (Remmii Palaemonis) altioribus contra id pigra vicinitate sibi patrocinante, novissime Annaeo Seneca principe tum eruditorum ac potentia, quae postremo nimia ruit super ipsum, minime utique miratore inanium, tanto praedii huius amore capto, ut non puderet inviso alias et ostentaturo tradere palmam eam, emptis quadruplicato vineis illis intra decimum fere curae annum. 26, 14 (Asclepiades) trahebat praeterea mentis artificio animos iam vina promittendo aegris dandoque tempestive, iam frigidam aquam, et quoniam causas morborum scrutari prius Herophilus instituerat, vini rationem inlustraverat Cleophantus apud priscos, ipse cognominari se frigida danda praeferens, ut auctor est M. Varro, alia quoque blandimenta excogitabat, iam suspendendo lectulos quorum iactatu aut morbos extenuaret aut somnos adliceret, iam balneas avidissima hominum cupidine instituendo et alia multa dictu grata atque iucunda, magna auctoritate nec minore fama, cum occurrisset ignoto funeri, relato homine ab rogo atque servato, ne quis levibus momentis tantam conversionem factam existimet: statt durch das Verbum finitum *praetulit* die Nebensätze *quoniam— instituerat—inlustraverat* abzuschliessen und mit *alia quoque blandimenta excogitabat* einen neuen Satz zu beginnen und ebenso mit *magna auctoritate* etc. wird durch das Particip *praeferens* und die Anschiebung von *magna auctoritate* etc. der logische Fortgang gestört und die Uebersicht über das complicirte Gefüge erschwert. 36, 117 (C. Curio) theatra iuxta duo fecit amplissima ligno, cardinum singulorum versatili suspensa libramento, in quibus utrisque antemeridiano ludorum spectaculo edito inter sese aversis ne invicem obstreperent scaenae, repente circumactis, ut constat, post primos dies etiam sedentibus aliquis, cornibus in se coeuntibus faciebat amphitheatrum gladiatorumque proelia edebat, ipsum magis auctoratum populum Romanum circumferens: Indem die Ablativi absoluti *spectaculo edito* mit der relativen Anknüpfung *in quibus utrisque* verbunden werden und zu dem Relativum *inter sese aversis* appositionell gefügt wird, während der entsprechende Gegensatz in dem Abl. abs. *repente circumactis* folgt, d m hinwieder die Abl. abs. *etiam sedentibus aliquis* untergeordnet sind, und schliesslich die Ablative *cornibus in se coeuntibus* vorantreten, ist ein überaus ungelenkes Gefüge zu Stande gekommen.

F o l g e n die Participia, Ablativi absoluti und adverbialen Bestimmungen dem Hauptsatze, so wird die Rede leicht schleppend: 2, 199 namque montes duo inter se concurrerunt crepitu maximo adsultantes recedentesque, inter eos flamma fumoque in caelum exeunte interdiu, spectante e via Aemilia magna equitum Romanorum familiarumque et viatorum multitudine. 28, 112 iungemus illis simillima et peregrina aeque animalia, priusque chamaeleonem peculiari volumine dignum existimatum Democrito ac per singula membra desecratum, non sine magna voluptate nostra cognitis proditisque mendaciis Graecae vanitatis. 14, 144 (meruit) apud nos cognomen etiam Novellius Torquatus Mediolanensis, ad proconsulatum usque praeturae honoribus gestis, tribus congiis — epotis uno impetu, spectante miraculi gratia Tiberio principe, in senecta iam severo atque etiam saevo alias. 6, 30 ab iis sunt portae Caucasiae magno errore multis Caspiae dictae, ingens naturae opus montibus interruptis repente, ubi fores obditae ferratis trabibus, subter medias amne diri odoris fluente citraque in rupe castello— communito ad arcendas transitu gentes innumeras, ibi loci terrarum orbe portis discluso, ex adverso maxime Hermasti oppidi Hiberum. 121 (Babylon) diu summam claritatem inter urbes obtinuit in toto orbe, propter quam reliqua pars Mesopotamiae Assyriaeque Babylonia appellata est, $\overline{LX}$ p. amplexa muris ducenos pedes altis, quinquagenos latis, in singulos pedes ternis digitis mensura ampliore quam nostra, interfluo Euphrate, mirabili opere utrobique. 9, 168 ostrearum vivaria primus omnium Sergius Orata invenit in Baiano aetate L. Crassi oratoris ante Marsicum bellum, nec gulae causa sed avaritiae, magna vectigalia tali ex ingenio suo percipiens, ut qui primus pensiles invenerit balineas, ita mangonicatas villas subinde vendendo. 17, 98 (propaginum) alterum genus luxuriosius, in ipsa arbore radices sollicitando traiectis per vasa fictilia vel qualos ramis terraque circumfartis atque hoc blaudimento iupetratis radicibus inter poma ipsa et cacumina — audaci ingenio arborem aliam longe a tellure faciendi, eodem quo supra biennii spatio abscisa propagine et cum quasillis sata.

§ 11. Am durchgreifendsten unterscheidet sich der plinianische Satzbau nicht blos von dem der Klassiker, sondern aller lateinischen Schriftsteller durch die lose angehängten Satzerweiterungen.

Kann es hierzu schon gerechnet werden, dass temporale und causale Nebensätze mit der Conjunction *cum* nachschleppen, indem Umstände und Thatsachen zum Hauptsatze in der Subordination gefügt werden, statt in der Form eines selbständigen Satzes, so geschieht das doch weder häufig, noch in durchaus neuer Weise: 34, 53 venere autem et in certamen laudatissimi, quamquam diversis aetatibus geniti, quoniam fecerant Amazonas, quae cum in templo Dianae Ephesiae dicarentur, placuit eligi probatissimam ipsorum artificum qui praesentes erant iudicio, *cum apparuit* eam esse quam omnes secundam a sua quisque iudicassent. 62 (Tiberius) non quivit temperare sibi in eo (signo), — transtulitque in cubiculum alio signo substituto, *cum quidem* tanta p. R. contumacia fuit ut theatri clamoribus reponi apoxyomenon flagitaverit etc. 8, 132 conduntur et Alpini (mures) — sed hi pabulo ante in specus convecto, *cum quidam* narrant alternos marem ac feminam subrosae complexos fascem herbae supinos — invicem detrahi ad specum, ideoque illo tempore detrito esse dorso. [17]) (Vgl. Em. Hoffmann, die Construction der lat. Zeitpartikeln [2] S. 144 ff.

Ueberaus häufig aber sind lose angefügte Bemerkungen, meist Urtheile über berichtete Thatsachen im Ablativus modi und consequentiae. Auch Tacitus hat diese lockere Satzfügung (Vgl. meine Beitr. z. Krit. u. Erkl. d. Tac. II S. 16 u. 36 f. Madvig Adv. crit. II p. 526, desgleichen andere gleichzeitige und spätere Schriftsteller), geht darin aber keineswegs so weit wie Plinius, der besonders absolute Ablative anzuschieben liebt auch wenn zwischen ihnen und dem Prädicate des Hauptsatzes durchaus kein näheres Verhältniss, sondern nur eine ganz allgemeine Beziehung besteht. 11, 84 (aranei) et lacer-

tarum catulos venantur os primum tela involventes et tunc
demum labra utraque morsu adprehendentes, *amphitheatrali
spectaculo*, cum contigit. 4, 10 quam ob causam perfodere
navigabili alveo angustias eas temptavere Demetrius rex —,
nefasto, ut omnium exitu patuit, *incepto*. 17, 175 aliqui tum
excaecant eum (palmitem) supina' falce auferendo oculos, ut
longius evocent, *noxia iniuria*. 209 est quorundam inperitia
sub ramo vitem vinculo suspendendi, *suffocante iniuria*. 35,
58 quin immo certamen etiam picturae florente eo (Panaeno)
institutum est —, quod et ipsius Timagorae carmine vetusto
apparet, *chronicorum errore non dubio* (das Epiphonem bezieht
sich auf § 54). 13, 100 hanc (thyam) itaque inter odores uri
tradidit (Homerus) in deliciis Circae, quam deam volebat intellegi,
magno errore eorum qui odoramenta in eo vocabulo accipiunt. 17,
176 nec tutum est quod cicatricosum, *magno inperitiae errore*.
33, 58 praecipuam gratiam huic materiae (auro) fuisse arbitror
non colore, qui clarior in argento est — *manifesto errore* eorum
qui colorem siderum placuisse in auro arbitrantur. 4, 83
quidam Panticapen confluere infra Olbiam cum Borysthene
tradunt, deligentiores Hypanim, *tanto errore* eorum qui illum
in Asiae parte prodidere. 5, 43 ab his omnibus vastae soli-
tudines orientem versus usque ad Garamantas —, *verissima
opinione* eorum qui desertis Africae duas Aethiopias super-
ponunt. 13, 65 silvestris fuit et circa Memphin regio tam
vastis arboribus ut terni non quirent circumplecti, unius *peculiari miraculo* etc. 17, 73 (cupressi) semen formicis mire ex-
petitum, *ampliato etiam miraculo* tantuli animalis cibo absumi
natalem tantarum arborum. 34, 92 ex omnibus autem maxime
cognomine insignis est Callimachus — catatexitechnus appellatus, *memorabili exemplo* adhibendi et curae modum. 35, 161
Cois (vasis) illa laus maxima, Hadrianis firmitas, *nonnullis* circa
hoc severitatis quoque *exemplis*. 14, 52 idem Cato denos
culleos redire ex iugeribus scripsit, *efficacibus exemplis* non
maria plus — conferre — quam sedulum ruris larem. 17,
138 ita quodam propaginum insitorumque temperamento tri-
ennio commune inter duas matres coalescere —, *nondum vulgata ratione* aut mihi certe satis *conperta*. 35, 80 dixit enim

(Apelles) — uno se praestare quod manum de tabula sciret tollere, *memorabili praecepto* nocere saepe nimiam diligentiam. 33, 50 Messala orator prodidit Antonium triumvirum aureis usum vasis in omnibus obscenis desideriis, *pudendo crimine* etiam Cleopatrae. 28, 56 L. Lucullus hanc de se praefecturam (temperantiae in cibis) servo dederat —, *pudenda re* servo suo facilius parere quam sibi. 32, 25 percussis vero ab ea (pasti- naca) medentur — et mullus ac laser, *spectabili nιturae po- tentia* etc. 36, 114 ima pars scaenae e marmore fuit, media e vitro, *inaudito* etiam postea *genere* luxuriae. 28, 86 (Magi resigmina unguium) alienae ianuae adfigi iubent ad remedia in his morbis, *quanta vanitate*, si falsum est, *quanta vero noxia*, si transferunt morbos! Vgl. noch 14, 33; 15, 40; 17, 138; 18, 83; 272; 23, 110; 25, 90; 33, 91; 34, 37; 35, 77. — 11, 1 aliquis vero non tota incisura (est) —, *nusquam alibi spec- tatiore* naturae rerum *artificio*. 6, 88 fluminis ulteriore ripa merces positas iuxta venalia tolli ab his (Seribus), si placeat permutatio, *non aliter odio iustiore* luxuriae quam si perducta mens illuc usque cogitet quid et quo petatur et qua re. [19]) 30, 99 propter hunc Aegypti magna pars scarabaeos inter numina colit, *curiosa Apionis interpretatione*, qua colligat Solis operum similitudinem huic animali esse. 37, 81 (opali) magnitudo abellanam nucem aequat, *insigni etiam apud nos historia*, siquidem exstat ho- dieque huius generis gemma propter quam ab Antonio pro- scriptus est Nonius senator. 17, 267 item ne quod animal pastu malefico decerpat frondem, fimo boum diluto spargi folia —, *mira quaedam excogitante sollertia humana*, quippe cum averti grandines carmine credant plerique. 33, 41 fuit et alia Claudii principatu differentia insolens iis quibus admissionis liberae ius dedissent imaginem principis ex auro in anulo ge- rendi, *magna criminum occasione*. 18, 107 artoptas iam Plautus appellat — *magna ob id concertatione* eruditorum an is versus poetae sit illius. 37, 9 est apud auctores et Intercatiensem illum — pugnae eius effigie signasse, *volgato Stilonis Prae- conini sale*, quidnam fuisse facturum, si Scipio a patre eius in- teremptus fuisset. 36, 46 primum — versicolores istas ma- culas Chiorum lapicidinae ostenderunt, cum exstruerent muros,

faceto in id M. Ciceronis sale. omnibus enim etc. 19, 145
est et aliud genus (asparagi) — refertis superioris Germaniae
campis, *non inficeto Ti. Caesaris dicto* herbam ibi quaudam nasci
simillimam asparago. 16, 217 super omnia memoratur aedes
Aulide — exaedificata, *quonam genere materiae scientia obliterata.* 8, 213 qualiter uatos (sues) antiqui hybridas vocabant
ceu semiferos, *ad homines quoque — appellatione tralata.* 30,
89 nullum animal fraudulentius iuvidere homini tradunt, *inde
stelionum nomine in maledictum translato.* 10, 81 lusciniis
diebus ac noctibus continuis XV garrulus sine intermissu cantus —, *non in novissimum digna miratu ave.* 12, 129 dat et
malobathrum Syria —, *fertiliore eiusdem Aegypto.* 10, 197
venenis caprene et coturnices — pinguescunt —, at serpentes
ovis, *spectanda quidem draconum arte.* aut enim etc. 15, 134;
18, 265. 23, 135 ex inmaturis (moris) sucus sistit alvum,
veluti animalis alicuius in hac arbore *observandis miraculis.*
31, 102 (levat sal) podagras cum farina ex melle et oleo tritus,
ibi maxime usurpanda observatione quae — dixit 16, 175
caedua salici fertilitas —, *non,* ut remur, *in novissimis curanda
arbore.* 32, 32 geminus similiter victus in aquis terraque testudinum —, *honore habendo* vel propter excellens in usu pretium etc. 2, 25 ceteris quippe animantium sola victus cura
est —, *uno quidem vel praeferendo* cunctis bonis, quod — uon
cogitant. 17, 72 minimis id grauis constat —, *non omittendo
naturae miraculo* e tam parvo gigni arbores etc. 18, 35 latifundia perdidere Italiam —, *non fraudando magnitudine hac
quoque sua On. Pompeio* qui nunquam agrum mercatus est
conterminum. 36, 106 (cloacae) durant tamen a Tarquinio
Prisco annis DCC prope inexpugnabiles, *non omittendo memorabili exemplo* etc. 15, 117 in siliquis vero quod manditur
quid nisi lignum est? *non omittenda seminis earum proprietate.*
nam etc. 37, 169. 16, 170 hinc erant armamenta ad inclutos cantus, *non silendo et reliquo curae miraculo.* 21, 78
non enim et ipsis apibus iam cuspides dederat et quidem venenatas? *remedio adversas has utique non differendo.* ergo malvae
etc. 18, 105 (siliginem) quidam ovis aut lacte subigunt, butyro vero
gentes etiam pacatae, *ad operis pistorii genera transeunte cura.*

§ 12. Die Unterordnung der Participia perf. pass. unter einander, nicht ohne Härte und von vielen Schriftstellern gemieden, findet sich bei keinem häufiger als bei Plinius. 20, 30 (pastinacae erraticae semen) cum panis portione aequa *tritum ex vino potum* (vorher: *semen contritum et in vino potum*). 68 semine trito ex vino poto (10 (semen) tritum potumque in vino). 23 cortices in vino decocti mane poti. 104; 169; 172; 21, 172; 22, 32; 36; 135; 23, 5; 19; 69; 132; 24, 13; 16; 53; 85; 26, 122; 28, 132; 182; 32, 71. 28, 177 (prodest) urina caprae *calefacta instillata* auribus. 179 talus bubulus *accensus* eos qui labant cum dolore *admotus* confirmat. 33, 85 relicus cinis *servatus* in fictili olla ex aqua *inlitus* lichenas in facie sanat. (32, 6 sale adservatum adalligatumque). 37, 82 cum etiam ferae *abrosa parte* corporis propter quam periclitari se sciant *relicta* redimere se credantur. 14, 106 ex rosae foliis *tusis* in linteolo in mustum *collatis.* (104 ramis teneris cum suis foliis in salso musto *coctis, tunsis:* hier werden mit Recht in den Ausgaben die beiden Participia als beigeordnet behandelt, d. i. durch Comma getrennt). 22, 27 semen adalligatum varicum dolores sedat, *tritum* vero in aquam *sparsum* pulices necat. 154 (lupini) aridi decorticatique triti. 24, 67 in vino decocta tritaque cum melle inlita. 26, 91. 36, 70 Claudius aliquot per annos *adservatam* (navem) qua C. Caesar inportaverat (obeliscum) — *perductam* Ostiam — mersit. 7, 81 hostem ab eo — superatum et postremo correptum in castra tralatum. 28, 29 chartam inscriptam circumligatam lino subnectebat collo. 11, 185 ipse convulneratus captus semel per cavernam lautumiarum evasit. Vgl. 8, 154 (Bucephalas) in proeliis memoratae cuiusdam perhibetur operae, Thebarum oppugnatione vulneratus in alium transire Alexandrum non passus.

Weniger schwerfällig ist die gleiche Unterordnung von Ablativi absoluti: 10, 98 surculo super bina ova inposito ac feruminato alvi glutino subdita cervice medio — deportant alio. 35, 44 (purpurissum) proximum egesto eo (primo) addita creta in ius idem. 16, 131 quibus (ramis) amputatis levato onere in suo scrobe reponuntur (platani prostratae). 17, 118 ergo amputatis omnibus ramis — exempta scutula — inprimitur ex alia cortex. 28, 230 (prodesse tradunt) bubuli cornus mucronem exustum — addito melle pilulis devoratis. 17, 138 fico adepta vires — detruncata superficie etc.

§ 13. Parataxis statt Hypotaxis.

1) Asyndetische Anfügung der Sätze: 35, 95 (equus Apellis fuit) pictus in certamine, quo iudicium ad mutas quadripedes provocavit ab hominibus. namque ambitu praevalere aemulos sentiens singulorum picturas inductis equis ostendit: Apellis tantum equo adhinnivere etc.: statt etwa relativer Anknüpfung: *qui Apellis t. e. adh.* 16, 137 circa Bosporum Cimmerium in Panticapaeo urbe omni modo laboravit Mithridates rex et ceteri incolae sacrorum certe causa laurum myrtumque habere: non contigit, cum etc. 33, 13 et quisquis primus instituit cunctanter id fecit, laevis manibus latentibusque induit (anulum) (die Vulgata hatte *laevisque*). 35, 141 (pinxit) Eutychides bigam, regit Victoria. 17, 33 terram amaram probaverim: demonstrant eam atrae degeneresque herbae. Singulaer wäre, wie es scheint, 25, 78 in Detlefsens Fassung: (Euphorbeae herbae) vis tanta est vel e longinquo: sucus excipitur incisa conto etc. Da jedoch die Ueberlieferung schwankt, ist diese Fassung doppelt zweifelhaft. 28, 1 quid ergo? dixerimus herbas et florum imagines ac pleraque inventu rara ac difficilia, idem tacebimus quid in ipso homine prosit homini etc. (Früher las man mit Cod. d. *qui ergo dixerimus*, v. Jan hat *quid* aus den Codd. V. u. R. hergestellt). 36, 70 divus Augustus eam (navem) quae priorem (obeliscum) advexerat miraculi gratia Puteolis perpetuis navalibus dicaverat, incendio consumpta ea est (die Vulgata las: *sed incendio c. ea est.*) 17. 18 quae aquilonem austro utiliorem facit ratio eadem praefert — et nocturnos imbres diurnis. magis fruuntur aquis sata non statim auferente eas sole: statt *quia* oder *enim.* 34, 47 quanto maior Zenodoro praestantia fuit, tanto magis deprehenditur aeris obliteratio: ist Folgerung aus dem Vorhergehenden. 13 quin etiam privata opulentia eo modo usurpata est. Camillo inter crimina obiecit Spurius Carvilius quaestor ostia

quod aerata haberet in domo: der zweite Satz gibt den Beleg
für die Behauptung des ersten. 35, 47 solebant librae eius
trecenis nummis taxari. inventa per Hispanias harena est
similem curam recipiens. itaque ad denarios senos vilitas rediit.
75 (Eupompi) auctoritas tanta fuit ut diviserit picturam in
genera. quae ante eum duo fuere — propter hunc tria facta
sunt. 36, 21 voluit eam (Venerem) a Cnidiis postea mercari
rex Nicomedes, totum aes alienum — civitatis dissoluturum
promittens. omnia perpeti maluere etc. Vgl. oben § 10 S. 23.

Mit rhetorischer Antithese: 35, 6 aliter apud
maiores in atriis haec erant quae spectarentur, non signa externorum artificum, nec aera aut marmora, *expressi* cera vultus
singulis disponebantur armariis. 6, 182 nec tamen arma Romana ibi solitudinem fecerunt, *Aegyptiorum* bellis attrita est
Aethiopia. 7, 187 ipsum cremare apud Romanos non fuit
veteris instituti, terra condebantur (v. Jan, Detlefsen und Mayhoff haben *terra condebantur* durch Punkt vom Vorausgehenden geschieden). 8, 97 nec haec sola: multis animalibus re-
perta sunt usui futura et homini. 36, 1 omnia namque quae
usque ad hoc volumen tractavimus hominum genita causa videri possunt; montes natura sibi fecerat. 192 mox, ut est in-
geniosa sollertia, non fuit contenta nitrum miscuisse, coeptus
addi et magnes lapis. 10, 91 ferro intercidi non queunt, fran-
guntur ictu valido. 9, 124 et hoc tamen aeternae prope possessionis est: sequitur heredem, in mancipatum venit ut praedium aliquod, conchylia et purpuras omnis hora atterit, quibus etc. (v. Jan hat, die innere Beziehung der Sätze verwischend,
Punkt nach *possessionis est* und nach *praedium aliquod* gesetzt.)

2) An die Weise der epischen Dichter (z. B. des Vergil Aen.
2, 21 Est in conspectu Tenedos, notissima fama Insula — Huc
se provecti deserto in litore condunt. Vgl. Forbiger z. St.) er-
innert es, wenn Plinius Orts- und Namensangaben in selb-
ständiger Form Beschreibungen und Berichten voranschickt,
statt sie denselben einzufügen: 16, 239 in Ponto citra Hera-
cleam arae sunt Iovis Στρατίου cognomine, ibi quercus duae ab
Hercule satae. 240 regionem Aulocrenen diximus per quam
Apamea in Phrygiam itur. ibi platanus ostenditur etc. 9, 6

Cadara appellatur Rubri maris paeninsula ingens. huius obiectu vastus efficitur sinus etc. 11, 205 Asiae regio Scepsis appellatur, in qua minimos (lienes) esse pecori tradunt etc. 16, 237 Tiburtes quoque originem multo ante urbem Romam habent. apud eos extant ilices etc. 30, 139 bovae capiti lapillum inesse tradunt, quem ab ea expui, si necem timeat, inopinantis praeciso capite exemptum adalligatumque mire prodesse dentitioni: ohne *hunc* vor *inopinantis.* — sunt vermiculi in spinosis herbis asperi, lanuginosi, hos adalligatos protinus mederi tradunt infantibus, si quid ex cibo haereat. 34, 65 (Lysippus) statuariae arti plurimum traditur contulisse capillum exprimendo, capita minora faciendo quam antiqui, corpora graciliora — non habet Latinum nomen symmetria, quam diligentissime custodit etc. statt: symmetriam, quae Latinum nomen non habet, diligentissime custodit.

Häufiger bleibt jedoch bei Namensangaben die Einschaltung: 6, 103 est et aliud Hydreuma vetus, Trogodyticum nominatur, ubi praesidium excubat. 8, 184; 37, 183 u. A.

3) Hauptsätze folgen auf *mirum, mirum dictu, clarum dictu, rarum dictu, quod certum est:* 16, 123 mirum, cacuminibus eorum (ramorum) decisis moritur, totis vero detruncatis durat. 182. 16, 133 sed maxime mirum, Antandri platanus etiam circumdolatis lateribus restibilis sponte facta vitaeque reddita (est). 17, 250. mirumque, herbae aqua illa necantur, fruges aluntur. 9, 159; 11, 190; 218; 14, 36; 20, 131; 21, 116; 27, 5; 31, 28; 32, 6; 33, 131; 132; 34, 5; 35, 150; 36, 141. (Mit einem Infinitivsatz 16, 176; 34, 26). [20]) — 8, 128 mirum dictu, credit Theophrastus per idem tempus coctas quoque ursorum carnes, si adserventur, increscere. 169 mirumque dictu, sitiunt et, si mutentur aquae, ut bibant cogendae exorandaeve sunt. 6, 162; 8, 169; 17, 74. — 12, 111 clarumque dictu, a Pompeio Magno in triumpho arbores quoque duximus. — 14, 132 rarum dictu, sed aliquando visum, ruptis vasis stetere glaciatae moles. 16, 10 quod certum est, uni gentium huic plura sunt genera quam cunctis. 11, 48; 19, 35; 25, 154; 30, 8; 37, 25. [21])

Die gleichen und ähnliche Ausdrücke werden in den

3*

Satz oder vor den Satztheil, auf den sie sich beziehen, eingeschaltet. *mirum dictu*: 9, 63; 15, 124; 18, 113; 160; 29,
4. *mirum et indignum*: 29, 2 (Vgl. Emend. 5, S. 1). *frivolum
dictu*: 7, 186. *incredibile dictu*: 5, 73; 32, 41; 34, 149; 35,
88. *vix credibile dictu*: 18, 94. *parvum dictu sed inmensum
aestimatione*: 7, 7. *certum est*: 6, 27; 25, 147. *quod constat*:
10, 52. *quod miror, miremur*: 18, 303; 33, 32. *incertum*: 16,
235 incertum ipsa quanto vetustior. 33, 27. Adverbial: 36, 107
essetque labor incertum maior an longior.

4) In ähnlicher Weise werden Appositionen ein- und angefügt. 34, 43 videmus certe Tuscanicum Apollinem in bi-
bliotheca templi Augusti quinquaginta pedum a pollice, dubium
aere mirabiliorem an pulchritudine: kann auch wie *incertum*
in den voranstehenden Stellen gefasst werden, vgl. jedoch 16,
2. 20, 134 (Pythagoras rutam) oculis noxiam putavit, *falsum*,
quoniam scalptores et pictores hoc cibo utuntur oculorum causa
Vgl. 10, 19 (§ 10 S. 23) Corn. Nep. Alcib. 9, 1 at Alci-
biades — penitus in Threciam se supra Propontidem abdidit,
sperans ibi facillime suam fortunam occuli posse. falso. nam
Threces etc. — 35, 51 Nero princeps iusserat colosseum se
pingi CXX pedum linteo, *incognitum* ad hoc tempus. 2, 247
universum autem circuitum Eratosthenes — CCLII milium
stadiorum prodidit —, *inprobum ausum*. 17, 206 nuper repertum draconem serere iuxta arborem —, hunc — deprimere
sulco —, *ocissimum* in vite. 14, 85 (melitites) distat a mulso,
quod fit e musto cum quinque congiis austeri musti congio
mellis et salis cyatho subfervefactis, *austerum*. 2, 1 mundum
et hoc quodcunque nomine alio caelum appellari libuit —
numen esse credi par est, *aeternum, inmensum*. 36, 186 sub-
dialia Graeci invenere talibus domos contegentes, *facile* tractu
tepente, sed fallax ubicumque imbres gelant. 8, 209 adhibetur
et ars iecori feminarum sicut anserum, inventum M. Apicii.
35, 12 posuit enim in Bellonae aede maiores suos, placuitque
in excelso spectari et titulos honorum legi, decora res, utique
si etc 6, 171 — res ingentis exempli locusque subtilitatis
inmensae.

5) Appositionell angeschobene Adjectiva und Participia

vertreten Causal- und Relativsätze: 2, 224 (aquae) dulces mari invehuntur, leviores haud dubie. 3, 144 Olcinium quod antea Colchinium dictum est, a Colchis conditum. 8, 195 (togae) crebrae papaveratae antiquiorem habent originem, iam ab Lucilio poeta in Torquato notatae. 11, 157 infra oculos malae homini tantum, quas prisci genas vocabant, XII tabularum interdicto radi a feminis vetantes. [22]) 17, 147 castanea pedamentis omnibus praefertur facilitate tractatus, perdurandi pervicacia, regerminatione caedua vel 'salice laetior. 15, 56 incerta nominum causa est barbaricis Veneriisque quae colorata dicunt, regiis quae minimo pediculo sessilia, patriciis, vocimis, viridibus oblongisque: statt *quae viridia oblongaque.* 17, 168 (sulco satis est) altitudo in quocumque genere tripedalis, ideo nec vitis minor transferri debet, exstatura etiamnum duobus oculis. 18, 303 Columella et favonium ventum confecto frumento praedicat, quod miror equidem, siccissimum alioqui.

6) Bestimmungen, die gewöhnlich durch Subordination mit anderen zu einer Einheit zusammengefasst werden, treten als gesonderte Momente auf und werden durch eine Copulativpartikel verbunden: 18, 251 (peculiares stellas tibi) vespera et ab opere disiungenti ostendo. 19, 163 (Hipposelinum) nunc et (= etiam) repastinato seritur et a favonio post aequinoctium autumnum (vgl. 161 in putribus et calidis maxime locis medio serendum vere). 8, 200 (caprae generare) incipiunt septimo mense et adhuc lactentes. 17, 210 ob id protinus a vindemia putari et lassas etiamnum fructu edito inprobatur. 16, 226 magna autem et glutinatio propter ea quae *sectilibus laminis ac in alio genere* operiuntur. 22, 5 e legatis, cum *ad hostes clarigatumque* mitterentur — unus utique verbenarius vocabatur. 26, 21 in lichenis remediis˜atque tam foedo malo plura undique acervabimus. 28, 83 (Sotira dixit menstruo plantas subterlini) multo efficacius ab ipsa 'muliere et ignoranti (Vgl. § 22, 2). 36, 27 otiosorum et in magno loci silentio talis admiratio est. 3, 2 locorum nuda nomina et quanta dabitur brevitate ponentur. 8, 203 (capras aiunt incere) reliquis horis adversas et inter se cognationes. 16, 99 sunt aliae naturales (germinationes) quibusdam praeterque vernam. 8, 95

(hippopotamius) depascitur segetes destinatione ante, ut ferunt, determinatas in diem *et* ex agro ferentibus vestigiis. 137 (lyncum umor) arescit in gemmas — lyncurium vocatas *atque* ob id sucino a plerisque ita generari prodito. 34, 151 (ustione sanantur privatim canis rabidi morsus) quippe etiam praevalente morbo expaventes*que* potum usta plaga ilico liberantur. Vgl. Emend. III S. 5 (15, 21) und über den gleichen Gebrauch bei anderen Schiftstellern Nipperdey zu Tac. Ann. 1, 55 und 3, 11.

7) Bei Adjectiven und Adverbien, welche Gleichheit oder Aehnlichkeit bezeichnen, werden die Vergleichungsglieder durch *et* (*que*) verbunden, statt durch eine comparative oder comparativ gebrauchte Partikel in Correlation gestellt zu werden. Der Gebrauch hat bei Plinius und Tacitus (vgl. Draeger Synt. und Stil d. Tac. § 126) an Ausdehnung gewonnen. *pariter* — et: 33, 150 pariterque luxuria nata est et Carthago sublata. 8, 33 pariterque spiritum praecludunt et mollissimas lancinant partes. 15, 98 fructus anno maturescit, pariterque floret subnascens et prior coquitur. 29, 55 unguentumque pariter et medicamentum est (Commagenum). 14, 36 fecunditate pariter et bonitate cessat. 2, 133 amburens contacta pariter et proterens. Praef. 3 patri pariter et equestri ordini. 9, 41. *aeque* — *et*: 33, 11 anulus tamen in digito ferreus erat aeque triumphantis et servi fortasse coronam sustinentis. Vgl. 36, 44 fecere et e Thasio Cycladum insularum aeque et e Lesbio. *similis* — *et*: 17, 252 magnaque ex parte similis hominum medicina et arborum est. 16, 211 palmae est similis et suberis materies. [23] Praef. 6 neque enim similis est condicio publicantium et nominatim tibi dicantium. *similis* — *que*: 15, 98 aliud corpus est terrestribus fragis, aliud congeneri eorum unedoni, quod solum pomum simile frutici terraeque gignitur. [24] *iuxta* — *et*: 2, 136 iuxta hieme et aestate fulgurat. *iuxta* — *que*: 9, 141 abunde tractata est ratio qua se virorum iuxta feminarumque forma credit amplissimam fieri. *diversa* — *et*: 10, 32 diversa in hoc et supradicta alite quaedam. Ueber 9, 124 conchylia et purpuras omnis hora atterit, quibus eadem mater luxuria *paria paene et* margaritis pretia fecit s. Anhang 25.

§ 14. Asyndeton bei zwei Gliedern. 1) Ueberaus häufig in einfacher Aufzählung, und zwar besonders

a) von Substantiven ohne und mit Bekleidung: Praef. 6 humili vulgo scripta sunt, agricolarum, opificum turbae. 2, 174 adduntur et lacus, stagna. 3, 41 tot maria, portus. 52, oppidorum veterum nomina retinent agri Crustuminus, Caletranus. 15, 55 in iis Tarentina, Signina — sicut onychina, purpurea — Coriolana, Bruttia. 5, 99 (Taurus mons) a dextra Hyrcanius, Caspius — appellatus. 11, 94 quidam duo alia genera faciunt earum (cicadarum), surculariam —, frumentariam. 3, 123 oppida Vibi Forum, Segusia. 130 coloniae Cremona, Brixia. 147 coloniae Aemona Siscia. 148 influunt Valdasus, Urpanus. 151 (insulae) Cissa, Pullaria. 4, 4 flumina Aphas, Aratthus. 5 oppida Heraclia, Echinus. 6 oppida Aetoliae Naupactus, Eupalimna — Pleuron, Halisarna. 25 datur et his Thebis saltus Cithaeron, amnis Ismenus. 28 sequitur — Haemonia, eadem Pelasgis et Pelasgicon Argos, Hellas, eadem Thessalia et Dryopis — cognominata. 44 (oppida) Mesembria, Anchialum. 62 oppida habet reliqua Iulida, Carthaeam, intercidere Coresus, Poeeessa. 4, 84 oppida Navarum, Carcine. 5, 12 cum ebori, citro silvae exquirantur, omnes scopuli Gaetuli muricibus, purpuris. 7, 33 Fausta quaedam — duos mares, totidem feminas enixa (Cod. a * *totidemque*). 7, 103 vulneratus umerum, femur. 8, 102 imbrium, tempestatum praesagia. 10, 73 trimenstres, ut turdi, turtures, et quae, cum fetum eduxere, abeunt, ut galguli, upupae. 111 ut passeres, merulae — ut perdices, rusticulae — ut ciconiae, grues. 144 ut columbis, perdicibus — ut phasianis, cenchridi. 11, 212 ut lepus, perdix. 15, 115 ut uvae, palmae. 16, 126 ut lauro, tiliae — ut malo, fico. 19, 62 ut anethum, malvas. 35, 32 velut oris, sedis. 11, 152 (oculi) locustis, squillis — praeduri eminent (Cod. d. und die Vulgata bis auf Detlefsen: *locustis squillisque*). 13, 10 admixtis omphacio, calamo. optimum hoc in Cypro, Mytilenis. 133 inter ordines alium, cepas seri (die Vulgata bis auf Detlefsen *et*. Vgl. Fels p. 28. 14, 102 quo Parthi,

Indi utuntur. 15, 101 aliae namque (bacae) sunt olivis, lauris.
16, 75 facibus carpinus, corylus familiarissimae. 77 quae-
cumque communia sunt montibus planisque fiunt — meliora
fructu, materie crispioraque in montibus. [26]) 144 (hedera) se-
pulchra, muros rumpens. 245 in abiete, larice stelin dicit
Euboea nasci. 18, 314 opera rustica: rapa, na pos serere. 19
17 (medullae) distinctio candore, mollitia. 23, 38 (vino) tristitia, cura hebetatur. 25, 61 vetant dari senibus, pueris —
causariisve latere, faucibus. 29, 78 pantherae, leones non at-
tingunt perunctos (iure ex carnibus gallinaceorum). 30, 130
vulvarum duritias, collectiones adeps anseris mollit. 32, 94
additis oleo, sale. 34, 137 Servilia familia — trientem aereum
pascit auro, argento. 36, 152 probatur gravitate, candore. 166
tofus aedificiis inutilis est mortalitate, mollitia. 200 quae con-
stant ingenio, arte. 16, 71 (buxus) amat frigida, aprica. [27])
11, 158 hinc cognomina Simorum, Silonum. 159 a quibus
Brocchi, Labeones dicti. 9, 170 nobilitas secuta est Philippi,
Hortensii. 34, 24 hoc a re p. tribui solebat iniuria caesis, sicut-
aliis et P. Iunio, Ti. Coruncanio. 35, 11 testes sunt Atticus
ille Ciceronis edita de iis (imaginibus) volumine, M. Varro
benignissimo invento (die Vulg. bis auf Urlichs Chrestomathie:
et M. Varro). 16 (picturam liniarem) exercuere Aridices Corin-
thius, Telephanes Sicyonius (Cod. d. und die Ausgaben ausser
Urlichs Chrestom. *et*). 57 barbarorum Datim, Artaphernen. 5,
13 extare circa vestigia habitati quondam soli, vinearum palmetorumque reliquias. 8, 174 (mulae) strigoso corpore, in-
domito animo. 198 (ovium) generositas ostenditur brevitate
crurum, ventris vestitu. 11, 6 in tanto murmure apium, cicadarum sono. 8, 207 index suis invalidae cruor in radice saetae
dorso evulsae, caput obliquum in incessu. 14, 98 radix la-
bruscae, acini coria perficiunt (die Vulg. bis auf Mayhoff *et
acini*). 28, 32 idem gallinarum incubitus, pecorum fetus
abortu vitiant. 33, 92 ad dolores mitigandos, cicatrices
trahendas. 35, 50 India conferente fluminum suorum limum,
draconum elephantorumque saniem. 36, 29 quaestio est in
saeptis Olympum et Pana, Chironem cum Achille qui fecerint.
127 clavis crepidarum, baculi cuspide haerentibus. Vgl. weiter

die in § 22, 32 anzuführenden Beispiele von asyndetischer Anfügung einzelner Glieder an copulativ verbundene.

Die asyndetische Anreihung hat die Bedeutung einer disjunctiven Partikel 7, 118 reliquis animi bonis praestitere ceteros mortales: sapientia ob id Cati, Corculi apud Romanos cognominati. 7, 144 hoc dicebat iam Baliaricis, Diadematis. 11, 21 excipiunt eas (apes quae flores comportant) ternae quaternae quae exonerant. 27, 82 rami in terram serpunt quini seni.

Eines verallgemeinernden Adverbs 22, 140 ad testium tumores, ad genitalia.

b) Seltener von Adjectiven und Participien: 5, 6 e mediis hunc (Atlantem) harenis in caelum attolli prodidere, asperum, squalentem etc. 12, 60 hoc (tus) purissimum, candidum. 15, 28 est enim brevis, fruticosa. 71 comitatur eam (ficum porphyritidem) e minimis, vilissimis popularis dicta (Urlichs will *vilissimisque* geschrieben wissen, Vind. Nr. 246) 17, 44 terrae minutae, harenosae. 19, 163 (hipposelinum) in locis incultis, lapidosis — seri. 25, 20 folia habet oblonga, nigra. 30, 139 sunt vermiculi in spinosis herbis asperi, lanuginosi. 36, 149 argillam suavem, candidam. 37, 127 quaedam molles, sordidae. [Vgl. 8, 76 in India et boves solidis ungulis, unicornes. 11, 71 (et crabronum) sexangulae cellae, cerae autem e cortice, araneosae. 19, 24 (vela) colore coeli, stellata]. 5, 70 Hiericuntem palmetis consitam, fontibus riguam. 14, 81 quidam ex quacunque (uva) dulci, dum praecocta, alba, faciunt (passum): die Ueberlieferung ist unsicher. 104 (ramis) in salso musto coctis, tunsis. 25, 115 radix et siccata, scillae modo concisa reponitur.

Mit Steigerung 7, 1 magna, saeva mercede. 28, 87 reliqua intestabilia, infanda. 30, 15 inmensum, indubitatum exemplum. 36, 201 inmensa, inproba rerum naturae portio (die Vulg. bis auf Sillig: et inproba).

c) Noch seltener von *Verben:* 8, 112 mares relicti rabie libidinis saeviunt, fodiunt scrobes. 21, 121 rosa adstringit, refrigerat. 145 polium tractari, coli (iubent). 32, 87 vis eorum ut exulcerent, purgent. 35, 176 natura eius excalfacit, concoquit. 36, 155 vis eorum in medicina extenuare, siccare.

Mit Steigerung: 11, 25 (apes) cessantium inertiam notant, castigant.

2) In der Gegenüberstellnng von Gegensätzen, die
meistens ein Ganzes umfassen. 2, 2 extra intra cuncta con-
plexus in se. 104 ultro citro conmeante natura. 19, 5. 2,
43 (luna) iam vero humilis excelsa. 14, 42 in pergulis vero
seruntur (uvae) escariae appellatae e duraciuis, albae nigrae.[28])
24, 9 nec pauciora gallae genera fecimus, solidam perforatam,
item albam nigram etc. 35, 69 excelsum humilem. 161 per
maria terras ultro citro portantur. 2, 13 (sol) reliqua sidera
occultat inlustrat. 11, 138 his (superciliis) negamus annuimus.
Vgl. über das zweigliedrige Asyndeton bei Tacitus meine Beitr.
z. Krit. u. Erkl. I S. 6 ff.

§ 15. Asyndeton bei umfassenderen Satzgliedern.

6, 167 eae omnes viae Arsinoen ducunt conditam — a Ptolemaeo Philadelpho, qui primus Trogodyticen excussit, amnem
qui Arsinoen praefluit Ptolomaeum appellavit. (Die Vulg. bis
auf Sillig: *et amnem*). 8, 105 hyaenis utramque esse naturam
et alternis annis mares alternis feminas fieri, parere sine mare
vulgus credit. 188 arieti naturale agnas fastidire, senectam
ovium consectari. 208 (sues) feri sapiunt vestigia palude con-
fundere, urina fugam levare. 209 fico arida saginatis, a satie
necatis repente mulsi potu dato. 11, 14 (apes) primum favos
construunt, ceram fingunt. 15, 133 (laurus) Romanis — additur litteris et militum lanceis pilisque, fasces imperatorum
decorat. 17, 101 aufertur ergo serra aequaliter superficies,
levigatur falce truncus. 154 seruntur sic ut descendant quae
proxima arbori fuerint, duo oculi extra terram emineant. 158
caveri utique ne extra terram positi sole inarescant, vento aut
frigore hebetentur. 20, 12 cortex quoque vomitionem movet,
faciem purgat. 29, 95 vis earum adurere corpus, crustas ob-
ducere. 28, 148 hircorum sanguini tanta vis est ut ferramen-
torum subtilitas non aliter acrius induretur, scabritia tollatur
vehementius quam lima. 14, 143 ante hos annos XL institutum
ut ieiuni biberent potius, vinum antecederet cibos. 29, 52
Druidae sibilis id (uranium) dicunt in sublime iactari sagoque

oportere intercipi —, profugere raptorem equo. 138 magnam
auctoritatem huic animali (gryllo) perhibet Nigidius —, quoniam retro ambulet terramque terebret, stridat noctibus 31,
3 ut fruges gignantur, arbores fruticesque vivant, in caelum
migrare aquas etc. 63 aquam vero maris per se efficaciorem
discutiendis tumoribus putant medici, si illa decoquatur hor-
deacia farina, ad parotidas. 32, 33 felle testudinum cum Attico
melle glaucomata inungui prodest, scorpionum plagae instillari.
33, 110. 112 lamnas duci, specula fieri non nisi ex optimo
posse credimus. 35, 58 (Polygnotus Thasius) qui primus mulieres tralucida veste pinxit, capita earum mitris versicoloribus
operuit. 93; 117. 129 nobilis eius tabula Ephesi est, Ulixes
simulata insania bovem cum equo iungens et palliati cogi-
tantes, dux gladium condens (vgl. 139 (pinxit) Artemon Danaen
mirantibus eam praedonibus). 36, 155 probatio in candore
minimoque pondere et ut quam maxime spongiosi aridique
sint, teri faciles nec harenosi in fricando. 172 structuram ad
normam et libellam fieri, ad perpendiculum respondere oportet.
37, 142 in Persis vero suffitu earum (achatarum) tempestates
averti et presteras, flumina sisti. 2, 115 montium vero flexus
crebrique vertices et conflexa cubito aut confracta in umeros
iuga, concavi vallium sinus scindentes inaequalitate — aera —
sine fine ventos generant. 21, 4 variare coeptum — ingenio
Pausiae pictoris atque Glycerae coronariae —, cum opera eius
pictura imitaretur, illa provocans variaret. 28, 8 atque etiam
quadrupedes homine[29] sanavere contra inflationes boum perforatis cornibus inserentes ossa humana, ubi homo occisus esset
— siliginem quae pernoctasset suum morbis dando. 230 fimi
quoque aridi sed pabulo viridi pasto bove fumum harundine
haustum prodesse tradunt, bubuli cornus mucronem exustum
duorum coclearium mensura etc.[30]) 36, 87 (cum) praeterea
templa omnium Aegypti deorum contineat (labyrinthus) superque Nemesis XL aediculis incluserit, pyramides complures qua-
dragenarum ulnarum senas radice aruras optinentes. 16, 57
aperitur picea e parte solari, non plaga sed volnere ablati
corticis, cum plurimum bipedali hiatu, ut a terra cubito cum
minimum absit (der Satz mit *ut* enthält eine gesonderte Vor-

scrhift und es werden solche Sätze gewöhnlich mit *sed* oder
tamen angefügt). 36, 3 secum quisque cogitet et quae pretia
horum audiat, quas vehi trahique moles videat, et quam sine
iis multorum sit beatior vita. [31]) 2, 57 quaeque sunt in hoc
miraculo maxime mira, cum conveniat umbra terrae lunam
hebetari, nunc ab occasus parte hoc ei accidere, nunc ab exortus, quanam ratione — semel iam acciderit ut etc. [32]) 7, 190
at quanto facilius certiusque sibi quemque credere, specimen
securitatis antegenitali sumere experimento: so alle Hss., die
Vulg. bis auf Sillig *ac specimen*, ebenso dann wieder v. Ian
und Detlefsen, *et specimen* Mayhoff.

Nicht auf gleicher Linie stehen die asyndetisch an
einander gereihten Satzglieder: 2, 222 (solis ardore) mari late
patenti saporem incoqui salis, aut quia exhausto inde dulci
tenuique — omne asperius crassiusque linquatur (ideo summa
aequorum aqua dulciorem profundam, hanc esse veriorem causam asperi saporis quam quod mare terrae sudor sit aeternus),
aut quia etc. 7, 23 in multis autem montibus genus hominum
capitibus caninis ferarum pellibus velari, — horum supra
centum viginti milia fuisse prodente se Ctesius scribit. 33,
112 cuius rei causam equidem miror, quamquam et hodie id
(minium) expeti constat Aethiopum populis totosque eo tingui
proceres, hunc ibi deorum simulacris colorem esse. 28, 33
minus miretur hoc qui sciat vestem a tineis non attingi quae
fuerit in funere, — e Pythagorae inventis non temere fallere,
inpositivorum nominum inparem vocalium numerum clauditates
— dextris adsignare partibus.

§ 16. Von der Eintheilung mehrerer gleichartiger Satztheile in Gruppen, durch welche andere lateinische Schriftsteller Gliederung in die Rede zu bringen liebten, konnte
Plinius wenig Gebrauch machen. Nicht freie Darstellung,
sondern mehr oder weniger genaue Beschreibung von Gegenständen mit ganz bestimmten und begränzten Beschaffenheiten
war seine Aufgabe und so musste die beziehungslose Anein-
anderreihung vorherrschen. Doch ist jenes Mittel die Rede zu
binden und zu runden nicht ganz verschmäht worden und wo

genau eingehaltene Proportionen sich schwer ergaben, fehlen doch in den mehr ausgearbeiteten Partien Einschnitte nicht, durch welche wenn auch ungleichmässige Gruppen sich bilden. 11, 138 (frons) homini tantum tristitiae hilaritatis, clementiae severitatis index $= 2 + 2$. 22, 111 corpusculis rerum levibus scabris, angulosis rotundis. 24, 9 nec pauciora gallae genera fecimus, solidam perforatam, item albam nigram, maiorem minorem. 37, 161 Eupetalos quattuor colores habet, caeruleum igneum, minii mali. 11, 145 (ex oculis animi indicia homini maxime) id est moderationis, clementiae, misericordiae, odii amoris, tristitiae laetitiae. ($= 3 + 2 + 2$). contuitu quoque multiformes, truces torvi, flagrantes graves, transversi limi, summissi blandi ($= 2 + 2 + 2 + 2$). 28, 104 sive lucernis sive pelvi, sive aqua sive pila, sive quo alio genere temptetur ($= 2 + 2 + 1$). 37, 201 (principatum optinet Italia) viris feminis, ducibus militibus, servitiis, artium praestantia ingeniorum claritatibus ($= 2 + 2 + 1 + 2$). 35, 69 (pinxit demon Atheniensium) ostendebat namque varium, iracundum iniustum inconstantem, eundem exorabilem clementem misericordem, gloriosum, excelsum humilem, ferocem fugacemque et omnia pariter ($1 : 3 + 3$, dann $1 + 2 + 2 + 1$). 10, 81 modulatus editur sonus et nunc continuo spiritu trahitur in longum, nunc variatur inflexo, nunc distinguitur conciso; copulatur intorto, promittitur revocato, infuscatur ex inopinato, interdum et secum ipse murmurat; plenus, gravis acutus, creber extentus; ubi visum est, vibrans, summus medius imus ($1 : 3 + 3$, durch die Wiederholung und Auslassung von *nunc* geschieden und gruppirt, $+ 1$, durch *interdum* geschieden; dann $1 + 2 + 2$, schliesslich $1 : 3$. Vgl. Urlichs, Chrestom. z. St.) 11, 14 (apes faciunt) melliginem e lacrimis arborum, quae glutinum pariunt, salicis, ulmi, harundinis suco, cummi, resina ($3 : 3$). 2, 103 decidunt imbres, nebulae subeunt; siccantur amnes, ruunt grandines; torrent radii et terram in medio mundi undique inpellunt, iidem infracti resiliunt et quae potuere auferunt secum ($2 + 2$ durch chiastische und parallele Stellung geschieden und gruppirt, $+ 2$.) 28, 53 vehemens enim fricatio spissat, lenis mollit; multa adimit corpus, auget modica ($2 + 2$ ebenfalls durch parallele und chiastische

Stellung gruppirt). 2, 42 (luna) crescens semper aut senescens (2) et modo curvata in cornua falcis, modo aequa portione divisa, modo sinuata in orbem (3), maculosa eademque subito praenitens, inmensa orbe pleno ac repente nulla (2 + 2), alias pernox alias sera et parte diei solis lucem adiuvans (2), deficiens et in defectu tamen conspicua (2), quae mensis exitu latet, cum laborare non creditur (= *mensis exitu latens ac non laborare credita*). iam vero humilis excelsa, et ne id quidem uno modo, sed alias admota caelo alias contigua montibus (2), nunc in aquilonem elata nunc in austros deiecta (2): das Ganze umschlossen von einem vorbereitenden und einem rückblickenden Satze. 9, 102 (in conchis magna ludentis naturae varietas). tot colorum differentiae, tot figurae planis concavis, longis lunatis, in orbem circumactis, dimidio orbe caesis (= 2 + 2 + 2), in dorsum elatis, levibus rugatis, denticulatis striatis (2 + 2), vertice muricatim intorto (1) margine in mucronem emisso, foris effuso intus replicato (3), iam distinctione virgulata crinita crispa, caniculatim pectinatim divisa, imbricatim undata cancellatim reticulata, in obliquum in rectum expansa, densata porrecta sinuata (= 3 + 2 + 2 + 2 + 3), brevi nodo ligatis toto latere conexis, ad plausum apertis ad bucinum recurvis (= 2 + 2). 11, 141 (oculi) in homine numerosissimae varietatis atque differentiae, grandiores modici parvi, prominentes, quos hebetiores putant, conditi, quos clarissime cernere (= 3 + 2). 2, 22 Fortuna sola invocatur ac nominatur, una accusatur, una agitur rea, una cogitatur, sola laudatur, sola arguitur: durch den Wechsel zwischen *sola* und *una* bilden sich die Gruppen 1 + 3 + 2. 13 (sol) hic lucem rebus ministrat aufertque tenebras, hic reliqua sidera occultat inlustrat, hic—temperat, hic—serenat, hic—fenerat, praeclarus eximius, omnia intuens, omnia etiam exaudiens: durch die Anaphora wird die Aufzählung gegliedert und endet mit zwei Paaren. Aehnlich 2, 102 durch hinc, 105 durch alia und öfter.

Als Beispiele, beziehungsloser Anreihung mögen dienen 9, 112; 117; 11, 145; 13, 78; 35, 116 und besonders 7, 147—150.

§ 17. Die gleichmässige Anordnung sich entsprechender Worte in beigeordneten Satzgliedern, die natürliche und bei den älteren Schriftstellern gebräuchlichste, bleibt es auch bei Plinius in ganz einfacher Aufzählung besonders mehrerer Glieder von gleicher Bedeutung; liegt aber irgend ein Gegensatz in den Begriffen, so überwiegt besonders bei zwei Gliedern die contrastirende Anordnung, welche die entsprechenden Worte in umgekehrter Folge anreiht. Und auch bei völliger Gleichmässigkeit der Glieder wird diese Anordnung der anderen nicht selten vorgezogen. Die Verbindung beider findet sich am häufigsten bei zwei Gliedern.

1) **Parallelismus** bei mehr als zwei Gliedern: 2, 28 (sidera) clara divitibus, minora pauperibus, obscura defectis. 107 fervent maria exoriente eo (Sirio), fluctuant in cellis vina, moventur stagna. 7, 16 quorum (effascinantium) laudatione intereant probata, arescant arbores, emoriantur infantes. 11, 68 effecto opere, educto fetu, functae munere omni. 199 (venter) ceteris simplex, ruminantibus geminus, sanguine carentibus nullus. 34, 65 capillum exprimendo, capita minora faciendo quam antiqui, corpora graciliora siccioraque. 36, 166 (tofus) exestur halitu maris, friatur vento, everberatur imbri. 11, 137 (equis aures) marcidae fessis, micantes pavidis, subrectae furentibus, resolutae aegris. 2, 193 alibi prostratis moenibus —, alibi egestis molibus, alibi emissis amnibus — alibi averso fluminum cursu —. exilius grassante in augusto, eodem rauco in recurvis, resultante in duris, fervente in umidis, fluctuante in stagnantibus, furente contra solida. 16, 139 (cupressus) satu morosa, fructu supervacua, bacis torva, folio amara, odore violenta ac ne umbra quidem gratiosa, materie rara. 37, 201 aquarum copia, nemorum salubritate, montium articulis, ferorum animalium innocentia, soli fertilitate, pabuli ubertate. Praef. 15 res ardua vetustis novitatem dare, novis auctoritatem, obsoletis nitorem, obscuris lucem, fastiditis gratiam, dubiis fidem, omnibus vero naturam et naturae suae omnia. 23, 38 (vino modico) stomachus recreatur et adpetentia ciborum invitatur, tristitia, cura hebetatur, urina et algor expellitur, somnus conciliatur. 33, 66 ut in Tago Hispaniae, Pado Italiae, Hebro Thraciae, Pactolo Asiae, Gange Indiae. 7, 204 (invenit) musicam Am-

phion, fistulam et monaulum Pan Mercurii, obliquam tibiam
Midas in Phrygia, geminas tibias Marsyas in eadem gente, Lydios
modulos Amphion, Dorios Thamyras Thrax, Phrygios Marsyas
Phryx, citharam Amphion. 36, 201 aliud gignit primis ignibus, aliud secundis, aliud tertiis. 11, 22 (apes) aliae struunt,
aliae poliunt, aliae suggerunt, aliae cibum comparant. 36, 200
(ex harenis) aliubi vitrum, aliubi argentum, aliubi minium,
aliubi plumbi genera, aliubi pigmenta, aliubi medicamenta
fundit. So 2, 105; 24, 184; 31, 5; 34, 168 u. A.

2) Chiasmus: 3, 4 Abyla Africae, Europae Calpe. 5, 12
cum ebori, citro silvae exquirantur, omnes scopuli Gaetuli
muricibus, purpuris. 13 vestigia habitati quondam soli, vinearum palmetorumque reliquias. 7, 54 sicut Spinther secundarum (histrio) tertiarumque Pamphilus. 8, 167 Arcadicis in
Achaia, in Italia Reatinis. 10, 2 praemia ex iis (struthocamelis)
ova propter amplitudinem quibusdam habita pro vasis conosque
bellicos et galeas adornantes pinnae. 3 cristis fauces caputque
plumeo apice honestari. 13 ungues quoque eorum invertuntur
diebus his, albescunt inedia pinnae. 11, 6 in tanto murmure
apium, cicadarum sono. 68 spatiataeque in aperto et in altum
elatae. 166 (dentes) reliquis perpetui manent, mutantur homini. 175 tonsillae in homine, in sue glandulae. 12, 24
(ficus) maior alia pomo et suavitate praecellentior. Vgl. Anhang 84. 13, 14 iris Illyrica et Cyzicena amaracus. 121 similis et coccygia folio, magnitudine minor. 132 (seritur) aut
vere semine —, vel caule autumno. 14, 28 uva eius indecora
visu, sapore iucunda. 39 pariana gaudent Pisae, Mutina Peru-
sinia. 85 congio mellis et salis cyatho. 16, 16 alia fageae
glandi figura, quernae alia et iliguae. 94 alia protinus —,
tardius aliqua et diutius. 103 (florent silvestrium primae)
sabucus cui medulla plurima, et cui nulla, cornus mascula.
165 (calamus) hic tibiis utilior, fistulis ille. 18, 51 radicem
crassior pars grani fundit, tenuior florem. 281 (observatione)
aquilae in septentrionali parte et in austrina caniculae. 19,
153 (serimus carduos) autumno planta, et semine ante nonas
Martias. 22, 100 (silphium ex Syria nunc maxime inportatur)
deterius Parthico, sed Medico melius. 32, 64 summa montium

et maris ima miscens. 34, 102 duo eius colores. deterior cinereus, pumicis melior. 35, 147 (pinxit Calypso) praestigiatorem Theodorum, Alcisthenen saltatorem. 36, 111 ad devincendas gentes triumphosque referendos. 116 vitricus Sulla et Metella mater. 127 clavis crepidarum, baculi cuspide haerentibus. 37, 72 in caudis pavonum columbarumque e collo.

Weniger wirksam bei einiger Verschiedenheit der sich entsprechenden Glieder: 13, 53 quae floret fructum non fert, fructifera non floret. 17, 230 (vermiculi) sub cute nati fructum adimunt, augent, si in ipso nucleo fuere. 2, 136 mobilior aer mitiore hieme et aestate nimbosa semper quodammodo vernat vel autumnat. 22, 17 iis muniendo aculeis telisque armando. 30, 5 (mirum est) in bello Troiano tantum de arte ea (magica) silentium fuisse Homero tantumque operis ex eadem in Ulixis erroribus.

Chiasmus bei drei Gliedern: 2, 7 alibi ursi, tauri alibi, alibi litterae figura. 7, 168 hebescunt sensus, membra torpent, praemoritur visus. 35, 167 non ad sustinenda maria fluctusque frangendos, sed ad debellanda corpora.

3) Parallelismus und Chiasmus gemischt: 2, 103 decidunt imbres, nebulae subeunt; siccantur amnes, ruunt grandines. 4, 9 Corinthiacus hinc, illinc Saronicus appellatur sinus, Lecheae hinc, Cenchreae illinc angustiarum termini. 7, 21 facit ubertas soli, temperies caeli, aquarum abundantia (von Detlefsen als unächt bezeichnet). 10, 191 aquilae clarius cernunt, vultures sagacius odorantur, liquidius audiunt talpae. 11, 264 (caudae) nudae hirtis, ut apris, parvae villosis, ut ursis, praelongis saetosae, ut equis (Vgl. Fels p. 35). 14, 42 celeres proventu, vendibiles aspectu, portatu faciles. 35, 181 sanguinem sistit, volnera colligit, glutinat nervos. 6, 33 (oceanus) Scythicus a septentrione, ab oriente Eous, a meridie Indicus vocatur. 14, 105 in cadum musti et sapae sextarium et aquae marinae heminam. 28, 54 equitatio stomacho et coxis utilissima, phthisi navigatio, longis morbis locorum mutatio. 30, 5 Apusorum et Zaratum Medos, Babyloniosque Marmarum et Arabantiphocum, Assyrium Tarmoendam. 8, 1 intellectus illis (elephantis) sermonis patrii et imperiorum obedientia, officiorum

quae didicere memoria, amoris et gloriae voluptas. 22, 17 ne
se depascat avida quadripes, ne procaces manus rapiant, ne
neglecta vestigia obterant, ne insidens ales infringat. 2, 204
(natura) avellit Siciliam Italiae, Cyprum Syriae, Euboeam Boeotiae, Euboeae Atalanten et Macrian, Besbicum Bithyniae. 18,
42 (C. Furius Cresimus) adduxit familiam suam validam atque
-- bene curatam ac vestitam, ferramenta egregie facta, graves
ligones, vomeres ponderosos, boves saturos. 21, 53 (in coro-
namenta venere) cneorum, quod casiam Hyginus vocat et quod
cunilaginem, conyza, melissopbyllum quod apiastrum (Hyginus
vocat 20, 116), melilotum quod sertulam Campanam vocamus.

Weniger augenfällig: 2, 219 (putei) crescente aestu minu-
untur, augescunt decedente, mediis temporum immobiles. 10,
80 (merula) canit aestate, hieme balbutit, circa solstitium muta.
7, 94 spectacula enim edita effusasque opes aut operum ma-
gnificentiam. 33, 94 auro glutinum est tale, argilla ferro, cadmea
aeris massis, alumen lamnis, resina plumbo.

Theils parallel theils chiastisch: 11, 58 umido vere
melior fetus, sicco mel copiosius. 14, 5 postquam senator
censu legi coeptus iudex fieri censu.

Nach der grammatischen Uebereinstimmung chiastisch,
nach der begrifflichen parallel: 2, 195 cum sequitur imbres
aestus imbresve aestum. Umgekehrt: 15, 75 quid primum in
eo miremur, curam ingenii an occasionem fortuitam, celerita-
temque cursus an vehementiam viri? Die grammatisch sich
entsprechenden Worte sind in beiden Gliederpaaren parallel,
die begrifflich entsprechenden sind im zweiten Gliederpaare
gegen das erste chiastisch gestellt.

III. Einförmigkeit und Mannigfaltigkeit des Ausdrucks.

§ 18. Bei einem Werke mit der Anlage und Behandlungsweise der N. H. war für die Darstellung keine Gefahr grösser als in Einförmigkeit zu verfallen. Und gerade dieser stilistische Fehler kann dem Plinius am wenigsten vorgeworfen werden, keinen hat er trotz aller Eilfertigkeit der Abfassung mit mehr Bedacht zu vermeiden gesucht. Wenn er gleichwohl in nicht wenigen Einzelheiten nachgewiesen werden kann, so sind diese doch verschwindend bei dem Umfange des Werkes und im Vergleiche zu der unbedingten Herrschaft der entgegengesetzten Eigenschaften, der Mannigfaltigkeit und Abwechselung des Ausdrucks.

1) **Wiederholung** desselben Wortes nach kurzem Zwischenraume. Wir meinen hier nicht Wiederholungen mit rhetorischem Zwecke, noch solche, die der Bestimmtheit des Ausdrucks und der Deutlichkeit dienen — über beide werden wir an anderer Stelle handeln —, sondern solche, wie sie der Unachtsamkeit unterlaufen. 2, 163 si *coactam* in verticem aquarum quoque figuram credere *cogatur*. 6, 131 ad eam *pervenit* Zagrus mons ex Armenia inter Medos Adiabenosque *veniens*. 7, 59 cum sex liberos *relinqueret*, XI nepotes *reliquit*. 8, 69 *adspectu* magis quam feritate *conspicua*. 9, 66 mullum exspirantem versicolori quadam et numerosa varietate *spectari* — utique si vitro *spectetur* inclusus. 67 in *conquestione* luxus coquos emi singulos pluris quam equos *quiritabant*. 152 pavet enim hominem *aeque* ac terret, et sors *aequa* in gurgite. 179 — omnia *excedente* miraculo. quippe *decedente* etc. (nach Da-

4*

lechamps Verbesserung). 10, 61 veniant—venire—adversas. 11. 124 dedit—daret. 230 quibusdam *post geniti* (oppos. congeniti sc. pili) viris non *gignuntur*. 12, 36 odores (Räucherwerk) — odore (Geruch). 13, 58 et *ipsa* caudice *ipso* fert pomum. 21. 20 quod in *ipso* cortice est, sub *ipso* flore. 28, 77 ipsa — ex ipsis. 15, 19 honoris (Amt) — honorem (Ehre). 16, 12 hostem (einzelner Feind) — hostis (das feindliche Heer). 148 quoniam — quoniam — quoniam. 18, 253 in certis hae diebus — certum est. 19, 132 praeferunt — praeferentes. 21, 89 cum habeant — (non) habent. 112 praecipit — praecipiens. 166 adligari — adalligari. 22, 78 quam (relativ) — quam (comparativ). 27, 56 praecipua — praecipue. 34, 2 praecipua — praecipuam. 27, 101 additur — addi. 131 diximus—cum diceremus. 31, 38—40 continget, dann 3mal contingit. 33. 128 fuerat id integrum, sed id quoque etc. 34, 45 illius principis — illius principis. 35, 62 ut in ostentationem — ostentaret. 104 similis—similiter. 201 vidimus (erleben) ut — videremus (sehen). 36, 85 continet — continentem. 90 exstant — cum exstent. 37, 69 ab his (nach diesen) — ab Copto. 92 appellati — appellati.

Wie die Zusammenstellung zeigt, sind nicht alle Wiederholungen gleich augenfällig, zum Theil nur dem bemerkbar, der geflissentlich darauf achtet und einzelne waren schwer zu vermeiden; auch sind sie verhältuissmässig kaum häufiger als bei dem sorgfältigen Stilisten Tacitus, worüber meine „Beiträge" IV S. 15 ff.

2) Gleichmässiger Anfang aufeinander folgender Sätze und Abschnitte. 2, 96 emicant et faces — emicant et trabes. 97 fit et — fit et. 113 posse et 3mal wiederkehrend. 114 ebenso. 133 quodsi — quodsi. 6, 54 primi sunt hominum qui noscantur und 55 primum eorum noscitur flumen Psitharas. 8, 202 ideo — ideo. 11, 65 inimica et echo — inimica et nebula. 12, 15 pomum ipsum — arbor ipsa. 132 eodem et bryon pertinet — eodem et oenanthe pertinet. 16, 243 namque — enim — namque. 28, 80 nec igni quidem — ne ipsis quidem. 33, 62 super omnia — super cetera — superque omnia. 34, 55 fecit et — fecit et — 57 fecit et — fecisse

et — 58 fecit et. 124 fit et — 125 fit et — fit et. 35, 24 tabulis autem externis auctoritatem Romae publice fecit — 26 sed praecipuam auctoritatem publice tabulis fecit. 36, 99 eodem in oppido — eadem in urbe.

Man sieht, wie weit diese Gleichförmigkeit geht. Augenfällig sind die Wiederholungen meistens, doch sind sie nur hier und da zerstreut und eben daran, wie weiter an einzelnen absichtlichen Variationen lässt sich erkennen, dass Plinius in der Regel auch hierauf achtsam war. So 2, 111 extra has causas non negaverim exsistere imbres ventosque. 112 igitur non eam infitias posse etc. 114 simili modo ventos vel potius flatus posse et arido siccoque anhelitu terrae gigni non negaverim. 7, 85 oculorum acies vel maxime fidem excedentia invenit exempla. 86 auditus unum exemplum habet mirabile. 87 patientia corporis — innumera documenta peperit. 14, 61 antea Caecubo erat generositas celeberrima — 62 secunda nobilitas Falerno — 64 ad tertiam palmam varie venere — 66 quartum curriculum publicis epulis optinuere etc.

§ 19. Die Mannigfaltigkeit des Ausdrucks anlangend kann es nicht unsere Aufgabe sein den Reichthum an Ausdrücken, die Plinius für dieselbe Sache zur Verwendung bringt, im Einzelnen nachzuweisen; ein paar Proben müssen genügen.

Für „beschreiben" gebraucht er: describere 27, 125. dicere 13, 68. narrare 36, 77. enarrare 17, 35. explicare 29, 140. exponere 12, 21 (9, 129 transcurrat expositio). demonstrare 4, 13 (6, 77 scaudente demonstratione nach Urlichs Verbesserung). indicare 6, 205. signare, circumagere 6, 114. absolvere 8, 162. persequi 6, 163. peragere 18, 148. — Für „heilen": mederi, sanare 20, 232. curare 20, 234. [13]) corrigere 22, 152. auxiliari 20, 232. opitulari 28, 105. salutare 20, 243; prodesse 20, 233; proficere 23, 6. utile 21, 160. iuvat 27, 123. succurrere 21, 135. occurrere 32, 99. subvenire 24, 154. praesentaneum 30, 79. efficax 28, 104. facit ad, in 22 46; 48. pertinet ad 30, 27. liberare 34, 151. absolutorium 28, 63. abstergere 20, 34. resistere 29, 94. adversari 24, 38 (Mayhoff. Nov. Luc. p. 34 N. 12). expugnare 26, 123. debellare 20, 50. persequi 30, 114. restinguere 32, 108. Dazu kommen noch viele andere speciellere Ausdrücke, wie sistere, inhibere, purgare, siccare, adstringere u. s. w.

Als Proben der Mannigfaltigkeit des Ausdrucks innerhalb eines Abschnittes mögen dienen: 28, 104 f. prodesse — salutarem esse — efficaces esse — auxiliari — pollere — valere — opitulari. 16, 9 f. antiquitus quidem nulla (corona) nisi deo *dabatur*. ob id Homerus caelo tantum eam et proelio universo *tribuit*, viritim vero ne in certamine quidem ulli, feruntque primum omnium Liberum patrem *inposuisse* capiti suo ex hedera. postea deorum honori sacrificantes *sumpsere* victimis simul *coronatis*. novissime et in sacris certaminibus *usurpatae*, in quibus hodieque non victori *dantur* sed patriam ab eo *coronari* pronunciatur, inde natum ut et triumphaturis *conferrentur* in templis dicandae, mox ut et ludis *darentur*. 33, 24 (anulos) singulis primo digitis *geri* mos fuerat qui sunt minimis proximi. — postea pollici proximo *induere* — dein iuvit et minimo *dare*. Galliae Britanniaeque medio dicuntur *usae*. hic nunc solus excipitur, ceteri omnes *onerantur*.

§ 20. Sehr geflissentlich wechselt Plinius den Ausdruck nach kurzen Zwischenräumen: 2, 54 in *defectibus* siderum — *deliquio* solis. 65 altera sublimitatum *causa* — tertia altitudinum *ratio*. 5, 18 *flumen* Tamuda *navigabile* — *flumen* Laud et ipsum *navigiorum capax* — Malvane *fluvius navigabilis*. 8, 28 gaudent *amnibus* maxime et circa *fluvios* vagantur. 31, 75 summa *fluminum* — *amne* reliquo. 7, 109 Pindari *vatis* — Archilochi *poetae* — Sophoclem *tragici cothurni* principem. 204 cithara *sine voce* cecinit Thamyris — *cum cantu* Amphion. 8, 109 ob hoc se peti *gnari* — 111 ob ea se peti *prudens*. 11, 166 *ceteris* cum ipsis nascuntur (dentes) — *reliquis* perpetui manent. 13, 138 in pumicem *transfigurantur* — 139 *mutantur* in pumicem. 7, 90 oblitus est — cepit oblivionem 14, 74 ab his dignatio est — 75 post haec auctoritas. 144 gloriam — famam. 147 gloriam — palmam. 16, 73 montes *amant* — 74 montes et valles *diligit* — aquosis montibus *gaudent*. 244 gigni non possunt — nascuntur. 21, 57 nasci — gigni. 17, 32 vitia — crimina. 45 albae — 46 candidae. 184 huic vineae trium pedum *altitudo* — ne excedat hominis *longitu-*

dinem (vgl. 71 altitudine hominis). 18, 111 vocautur — appellaut. 17, 181; 22, 60; 158 und öfter. 18, 247 a — propter. 342 nuntiat — praedicit — 343 spondent — significabuut — 344 portendent — denuntiabunt. 345 ostendetur. 20, 15 dentium dolorem tollunt — mobiles sistit. 16 dentium motus stabilit et dolores inhibet. 130 silvestri ad omnia ea effectus maior. 156 silvestri ad eadem vis efficacior. 162 silvestre ad omnia eadem efficacius. 193 tribus digitis dedit — quod ternis digitis prenderit — mensura ternum digitorum. 24, 65 modo — vice. 27, 17 *capillum* fluentem continet — capite contra *pilum* peruncto. (Vgl. 25, 135 adversus capillos caput inuugitur). 28, 12 durat carmen — extat deprecatio. 29, 9 muris — moenibus. 30, 54 dexter dextrae partis — sinister laevae. 32, 74. 32, 34 venerem - libidinem. 34, 16 vicissent — superavissent. 35, 5 effigie — imagines. 195 adsumpto — adiciatur — addita, dann 196 3mal gleichmässig adsumpta — adsumitur - adsumitur. 36, 18 in scuto — in parmae eiusdem concava parte. 21 signo — effigies — simulacro. 99 eodem in oppido — eadem in urbe. 2, 183 und öfter. 36, 114 diximus — indicavimus. 16, 73. 37, 13 nulla gemmarum magnitudine — ad hanc amplitudinem accedente. 39 silvestrem — silvosam. 56 nascens — natalis. 90 nominis — vocabulum. 129. 105 quod argenteis bratteis sublinunt — quae brattea aurea sublinuntur. 106 fulgent — nitent.

§ 21. Ebenfalls um Eintönigkeit zu vermeiden wird der begonnenen Rede eine abweichende Wendung gegeben: 15, 133 (laurus) laetitiae victoriarumque nuntia additur litteris et militum lanceis pilisque, fasces imperatorum decorat. 18, 151 in flore aut protinus cum defloruere vel maturescere incipientibus. 16, 235 antiquior sed incerta eius aetas, quae capillata dicitur. 20, 153 (femina) est autem haec flore purpureo, mas candidum habet. 34, 44 alterum a Charete supra dicto factum, alterum fecit etc. 15, 50 odor est his cotoneorum, magnitudo quae Scandianis. 13, 53 quae floret fructum non fert, fructifera non floret. 11, 128 nec quibus multifidi pedes, nec solidipedum ulli. 257 longipedes porrectis ad caudam cruribus volant, quibus breves, contractis ad medium. (*longipes* hatte schon Ennius, so brauchte es nicht umschrieben zu werden). 16, 126 cortex aliis tenuis, ut lauro, tiliae, aliis crassus, ut robori, aliis levis, ut malo, fico, idem scaber robori, palmae. 32, 86 fit in mari alcyoneum appellatum, e nidis ut aliqui existumant alcyonum et ceycum, ut alii sordibus spumarum crassescentibus, alii e limo vel quadam maris lanugine: d. i. *alii existimant fieri e. l.* etc. 6, 107 (mare) quod Rubrum dixere nostri, Graeci Erythrum a rege Erythra, aut, ut alii, solis repercussu talem reddi existimantes colorem, alii ab harena terraque: d. i. alii putant ab harena terraque Graecos Erythrum dixisse.

§ 22. Die vorstehenden Arten von Abwechselung des Ausdrucks sind Vorzüge der Darstellung und finden sich ebenso im älteren wie neueren Stile (Vgl. Handbuch der lat. Stilistik von Reinhold Klotz S. 265 ff.) Während jedoch daneben bei den Klassikern das Streben herrschte das Gleichartige auch auf gleiche Weise auszudrücken und besonders verbundene und sich entsprechende Theile des Satzes und der Periode gleichmässig zu construiren, war seit Livius das entgegengesetzte Princip der Abwechselung mehr und mehr zur Geltung gekommen und Plinius ist der erste Schriftsteller, der dasselbe sehr stark vorwalten lässt. So w e c h s e l n

1) S i n g u l a r   u n d   P l u r a l : 5, 7 tibiarum ac fistulae cantu. 7, 2 frigoribus et calore (11, 147 frigora caloresque) — ad vagitus et ploratum. 8, 174 generantur ex equa et onagris mansuefactis mulae veloces. 9, 3 uvam, gladium, serras. 58 ut glaucus, aselli, auratae. 61 lupo et asellis. 10, 46 ad curas laboremque. 203 cornices atque noctua, aquilae et trochilus (Mayhoff schreibt *aquila*). 207 merulae et turtures, cornix et ardiolae. 208 (vesica) nulli ova gignentium, nulli nisi sanguineum pulmonem habenti, nulli pedibus carentium. 247 (ungues) simiae imbricati, hominibus lati. 12, 2 vestes ad Seras peti, unionem in Rubri maris profundo. 85 cinnamomum et casias. 13, 96 (mensis) in venam crispis vel in vertices parvos. 16, 107 citreae et iuniperus. 17, 68 sabucis, cotoneo et rubis. 112 imbre frigoribusque. 121 ut ficus, ut punicae. 18, 46 iuncosus ager verti pala debet, ante infractus biden-

tibus. 259 faba in iis sata vel rapis vel milio. 19, 106 separatim semen cepae causa seritur, separatim cepae seminis. 183 ut gethyum, porrum, raphani, apium, lactucae, rapa, cucumis. 20, 91 ad convulsa et rupta intus lapsoque ex alto (das letzte Glied weicht in dreifacher Beziehung ab: vorher war die Verletzung bezeichnet, im Plural und mit der Praeposition, es folgt die Bezeichnung der Person, im Singular und im Dativ). 28, 7 ad aliud noxii hominis — ad alia amici et hospitis. 31 serpentium canisve dente laesi. 98 contra nocturnos pavores umbrarumque terrorem (vgl. § 115). 35, 168 exercendo iuventus nostra corporis vires perdit animorum. So ferner 7, 200; 12, 26; 13, 111; 15, 68—70; 17, 64; 120; 34, 106; 133; 35, 113.

Der gleiche Wechsel ist auch in der Subordination beliebt: 8, 27 (elephantum) Indicum Africi pavent. 122 (chamaeleon) hibernis mensibus latet ut lacertae. 9, 84 lolligo etiam volitat extra aquam se efferens, quod et pectunculi faciunt. — (mares) feminae auxiliantur. 14, 83 (fervere) appellant musti in vina transitum. 23, 45 (vinum) saluberrimum cui nihil in musta additum (Vgl. Iuvenal 3, 30 qui nigrum in candida vertunt). 21, 14 (rosa) primo inclusa granoso cortice, quo mox intumescente et in virides alabastros fastigato paulatim rubescens dehiscit ac sese pandit in calices medio sui stantes complexa luteos apices. [34]) 23 (lilii) ab angustiis in latitudinem paulatim sese laxantis. 37, 172 politur ex maiore amplitudine in angustias. 21, 101 alopecuros spicam habet — non dissimilem vulpium caudis. 26, 51 tenui folio velut equinis saetis. 27, 93 folio parvo exeunte de foliis. 94 (phaselii folium) in passeoli pampinos torquetur. 30, 39 scarabaei terrestres ricino similes.

2) Die Casus: 10, 144 ovorum alia sunt candida, ut columbis — alia punctis distincta, ut meleagridum, alia rubri coloris, ut phasianis. 178 vivunt Laconici (canes) annis denis, feminae duodenis, cetera genera XV annos. 11, 128 (cornua) tenuiora feminis plerumque sunt, ut in pecore multis, ovium nulla. 209 (vulva) viperae et intra se parientibus duplex, ova generantium adnexa praecordiis. 210 (vulva) primiparae suis

optinia, contra effetis (neben dem Casus auch der Numerus gewechselt). 16, 19 e ramis generum horum panicularum modo nucamenta squamatim conpacta dependent praeterquam larici: statt *laricis*. 20, 199 sucus et hic et herbae cuiuscunque lana excipitur — ut lactucis. 11, 101 (insectorum) quorundam extremi (pedes) longiores curvantur, ut locustis.[35] 21, 37 aquatis odor non omnium sine suco est, ut violae.[36] 22 134 idem candorem dentibus, suavitatem oris facit. 23, 37 lactis potus ossa alit, frugum nervos, aqua carnes. 28, 11 alia sunt verba inpetritis, alia depulsoriis, alia commentationis. 33 oculi orbitatem ac similes casus dextris adsignare partibus. 83 (efficacissimum sanguine menstruo) plantas aegri subterlini, multoque efficacius ab ipsa muliere et ignoranti (Detlefsen liest nach Urlichs Vind. Nr. 605 *ignorantis*). 254 modum statuunt fellis pondere denarii, opii tertiam: statt *tertia* sc. parte.

Speciell die Abwechselung zwischen G e n e t i v u s und A b· l a t i v u s q u a l i t a t i s, bei den älteren Schriftstellern durchaus selten,, auch bei den späteren nicht häufig, ist dem Plinius ganz geläufig und wir müssen uns darauf beschränken einige der mehr willkürlichen Uebergänge von dem einen zum andern aufzuführen: 7, 24 (gentem) sine voce, stridoris horrendi, hirtis corporibus. (Vgl. Kühner, Lat. Gr. II S. 333 f.) 12, 46 distat quod sine cauliculo est et quod minoribus foliis quodque radicis neque amarae neque odoratae. 47 radice Gallici nardi semine acinosum, saporis calidi. 56 contorti esse caudicis, ramis aceris. 19, 127 purpuream maximae radicis Caecilianam vocant, rotundam vero minima radice ἀστοτίδα. 21, 25 carnosiore tantum radice maiorisque bulbi. 27, 115 foliis piceae, radicis supervacuae. 122 flore longo, herbacei coloris, seminis nullius usus sed gustu acuto. 125 femina magis herbacei coloris, caule tenui.

3) G e n e t i v u s oder A b l a t i v u s q u a l i t a t i s und A d- j e c t i v u m: 32, 86 (alcyonei) quattuor genera: — alterum molle, lenius odore et fere algae (sc. odore). 19, 166 (lepidium) exit et in cubitalem altitudinem, foliis lauri, sed mollius (sc. foliis). 15, 127 (laurum) Cypriam esse folio brevi, nigro, per margines imbricato, crispam (sc. folio).[37] Nicht hieher zu

rechnen ist die einfache und überall vorkommende Verbindung des Adjectivs mit einem gleichwerthigen Genetivus oder auch Ablativus qualitatis, wie 24, 33 gracilem ac mellei coloris. 27, 62 multis calamis ex una radice emicantibus multorumque geniculorum. 33, 85 putria ulcera et taetri odoris. 34, 156; 35, 178; 36, 55; 37, 28; 33; 94; 145.

4) Ablativus qualitatis und relationis: 17, 28 id solum ubicunque arduum opere, difficili cultu. 19, 93 (Epimenidu) angustius folio ac minus aspero. 22, 84 (sium) copiosum semine, sapore nasturtii (Vgl. hingegen 16, 139 cupressus satu morosa, fructu supervacua, bacis torva, folio amara, odore violenta.)

5) Ablativus qualitatis oder Adjectiv und Dativ des Besitzes oder habere: 11, 274 longae esse vitae incurvos umeris et in manu unam aut duas incisuras longas habentes et plures quam XXXII dentes, auribus amplis. 21, 165 silvestri amplitudo maior latioribusque foliis. 25, 120 (verbasco) silvestri folia elelisphaci, alta, ramis lignosis. [38]) 23, 131 palmum alta est, cauliculis quinis fere, acini similitudine, flos candidus 27, 124 ramuli sunt ei (phalangio) nunquam pauciores duobus — flos candidus, lilio rubro similis, semine nigro. 25, 117 caulis ei (peucedano) tenuis, longus — radice nigra. 114 folia habet minora quam hedera, nigrioraque et tenuiora — caule exiguo. 11, 232 mammas homo solus e maribus habet — sed ne feminae quidem in pectore nisi quae possunt partus attollere. ova gignentium nulli. 25, 72 folia habet ut salicis viridia, florem purpureum, fruticosa, ramulis erectis.

6) Ein Casus, besonders Dativus, und eine Praeposition: 6, 53 inhabitabilis eius prima pars — ob nives, proxima inculta saevitia gentium. 15, 77 sacra fulguribus ibi conditis magisque ob memoriam etc. 8, 172 conceptum ex equo secutus asini coitus abortu perimit, non item asini equus statt: non item ex asino equi (sc. coitus abortu perimit). 10, 83 intellegitur emendatae correptio et in docente quaedam reprehensio. 157 (contra pituitam) medicina in fame et cubitus in fumo. 11, 7 (aliqua) habere sensum victus, generationis, operis atque etiam de

futuro curam. 35, 80 (Apelles) Melanthio dispositione cedebat.
Asclepiodoro de mensuris (so Detlefsen nach der besten Ueberlieferung, andere *de dispositione*). 19, 188 apio eximunt coci
de obsoniis acetum, eodem cellarii in saccis odorem *vino* gravem.
11, 269 elephans citra nares ore ipso sternumento similem
elidit sonum. per nares autem tubarum raucitati. 29, 107 cinis
ex murium capitibus caudisque et totius muris. 120 cicatrices
ad colorem reducit pecudum pulmo, praecipue ex ariete. 24
urucae brassicae — et a malva cimices. 15, 55 patriae nomina
habent — Amerina, Picentina — ab odore myrapia, laurea —
et Coriolana, Bruttia gentilitatis. 11, 10 (ratio vitalis) non
certis inest membris, sed toto in corpore. 250 inest et aliis
partibus quaedam religio, sicut in dextera. 16, 34 usus (suberis) ancoralibus maxime navium — praeterea in hiberno
feminarum calceatu. 52 pix liquida — e taeda coquitur, navalibus muniendis multosque alios ad usus. 35, 171 minore
privatis operibus, maiore in publicis utuntur. 16, 225 (abies)
valvarum paginis et ad quaecunque libeat intestina opera aptissima. 20, 46 (prodest) morbo regio vel hydropicis et ad renum
dolores. 228 et sacris ignibus et ambustis — folia inponuntur, et ad vulnerum impetus cruda cum pane. 34, 129 convenit oculorum medicamentis, quibuscunque vitiis occurrens
et ad omnia quae spodos. 32, 45 prodest a serpente percussis
et contra bestiarum ictus. 20, 187 (inponit Iollas) et per se
cum polenta ad magnas fluctiones extrahendisque si qua in
oculos inciderint. 16, 180 flos eius contra lippitudines inli-
nitur, ex melle et igni sacro. 28, 64 contra lippitudines retro
aures fricare prodest et lacrimosis oculis frontem. 31, 63 efficaciorem discutiendis tumoribus — ad parotidas. 97 contra
canum quoque morsus prodest — et ulceribus quae serpunt
aut sordidis. 20, 16 Hippocrates (dari iubet) coeliacis et dysin-
tericis — item ad tenesmum et renium causa. 122 (dederunt)
aliqui et in tenesmo et sanguinem excreantibus in vino, duritia quoque praecordiorum. (*duritia* ist durch das abweichend
construirte Zwischenglied dem Einflusse der Praeposition ent-
rückt und der Ablativ ist wie *dolore* 24, 42 aufzufassen). 24,
21 odore comitialibus subvenit, et volva strangulante vel

in stomachi defectu (Vgl. § 25 bibitur et in — vulvarum strangulatione).

7) Die Präpositionen: 8, 9 mirum in plerisque animalium scire quare petantur, sed et per cuncta quid caveant. 212 gemina ex rostro, totidem a fronte ceu vituli cornua exeunt. 15, 97 in novissimis florent, inter prima maturescunt. 18, 157 quae vero in semine et circa radicem consistunt praecedente cura caventur. 263 in ipso pabulo non minus emolumenti est quam e feno. 37, 72 virentium in caudis pavonum columbarumque e collo plumis. 19, 94 sponte nascuntur — in Baliaribus Ebusoque insulis ac per Hispanias. 28, 67 adversus rabidi canis morsus — contraque serpentium ictus. 34, 7 (vasa Corinthia) modo ad esculenta transferunt, modo in lucernas aut trulleos. 36, 51 id quoque accessit ut ab Aethiopia usque peteretur — immo vero etiam in Indos.

Der Abwechselung halber geschieht es auch, wenn die Präposition im ersten Gliede gesetzt, im zweiten ausgelassen, im dritten wiederholt wird. 17, 75 tubures melius inseruntur in pruno silvestri et malo cotoneo et in calabrice. 25, 148 sucus fit et e malis et caule deciso cacumine et e radice. 28, 166 inlitas ex aceto aut rosacio aut ex irino. 32, 54 eadem vis contra venenatorum omnium morsus, privatim scytalen et angues et contra leporem marinum. 23, 62 usus contra cantharidas, buprestim, pinorum erucas —, salamandras, contra mordentia venenata. Vgl. die aus Cato entlehnte Stelle 14, 46.

8) Die Präposition *cum* und *et*: 36, 29 nec minor quaestio est in saeptis Olympum et Pana, Chironem cum Achille qui fecerint. (Vgl. Horat. de a. p. 145 Antiphaten Scyllamque et cum Cyclope Charybdin.) 28, 185 idem praestat et medulla cum resina vel, si vaccina sit, et ius e carne vaccina == medulla cum resina vel, si vaccina sit, *medulla et ius* e carne vaccina statt *cum iure e c. v.*

9) Substantiv und (substantivirtes) Adjectiv: 14, 30 et austera transit in dulcem vetustate, et quae dulcis fuit in austeritatem. 19, 95 radices crescere hieme, verno autem — minui. 183 matutino atque vespera. 32, 36 schwankt die Leseart. Ebenso 37, 153 nubilo coloris aut tranquillitate.

10) Adjectiv oder Adverb und Präposition oder Ablativ: 6, 187 (ferunt) gentes esse sine naribus, alias superiore labro orbas, alias sine linguis. 16, 21 amaritudo in extremitatibus, medinae dulces. 21, 42 (irinum) Cilicium maxime laudatur atque e septentrionalibus. 36, 128 Aethiopicum et a Magnesia. 35, 45, 28, 123 (lac) dulcissimum ab hominis camelinum, efficacissimum ex asinis 13, 38 ferunt statim in trimatu, in Cypro vero — quadrimae. 2, 234 hieme mare calidius esse, autumnale salsius. 10, 111 (aves alas) raro intervallo quatiunt, aliae crebrius.

11) Adjectiv und Genetiv: 7, 186 haec felicia exempla, at contra miseriarum innumera. 8, 199 genus musmonum caprino villo quam pecoris velleri propius. 19, 80 genera raphani Graeci fecere tria foliorum differentia: crispi atque levis et tertium silvestre. 93 duo genera medicae, masculum albis foliis, feminae nigris. 16, 49. 34, 102 duo eius colores, deterior cinereus, pumicis melior. 37, 28 (pura esse malunt) nec spumei coloris sed limpidae aquae. 155 Chelidoniae duorum sunt generum, hirundinum colore, ex altera parte purpureae. 161 Eupetalos quattuor colores habet, caeruleum igneum, minii mali.

12) Substantiv und Supinum oder Gerundium oder Particip: 7, 7 parvum dictu sed inmensum aestimatione. 31, 59 (utilis est aqua nitrosa) bibendo atque purgationibus. 28, 41 capillus puero qui primum decisus est podagrae impetus dicitur levare circumligatus, et in totum inpubium inpositu.

13) Gerundium und Gerundivum: 17, 150 (castanearum) cultura non alia quam supra dictis, fodiendo supputandisque per biennium sequens.

14) Gerundium und Particip. praes.: 28, 8 contra inflationes boum perforatis cornibus inserentes ossa humana, ubi homo occisus esset — siliginem quae pernoctasset suum morbis dando.

15) Particip. praes. und Particip. perf.: 18, 130 palma in Nursino agro nascentibus — proxima in Algido natis. 19, 66 id vel una nocte deprehenditur, si vas cum aqua subiciatur, a quattuor digitorum intervallo descendentibus —, ut si oleum eodem modo sit, in hamos curvatis.

16) Die Tempora: 34, 72 Athenienses, et honorem habere ei volentes nec tamen scortum celebrasse etc. 9, 108 si fulguret, comprimi conchas — si vero etiam tonuerit, — physemata efficere. 18, 194 ager si non fuerit stercoratus, alget, si nimium stercoratus est, aduritur. 17, 227 fiunt et culpa vitia colentium, cum praestringuntur — aut cum circumfossor iniurioso ictu verberavit. 31, 65 qui puram (aquam maris) dedere raphanos supermandi ex mulso aceto iubent. 18, 341 quamobrem et haec breviter attingimus, — primumque a sole capiemus praesagia (Urlichs, Vind. No. 380 fordert Uebereinstimmung und will *attingemus* gelesen wissen). Die Abwechselung der Tempora in indirecter Rede ist nicht hierher zu rechnen, findet sich übrigens bei Plinius nicht häufig. Vgl. Mayhoff Luc. p. 116 f.

17) Activ und Passiv: 33, 118 non licet ibi perficere id (minium) excoquique. 123 idem guttis dividi facilis et lubrico umore confluere. 8, 106 (de hyaenis multa mira traduntur) sermonem humanum inter pastorum stabula adsimulari, nomenque alicuius addisci quem evocatum foris laceret. 32, 10 (Iuba scripsit) piscium adipe camelos perungui in eo situ ut asilos ab iis fugent odore. 12 tum pronuntiatum eius fore principatum qui transisset, ausumque Patroclum ob id phaleris argenteis — donavit (Antiochus). Vgl. Tac. H. 5, 22 und meine „Beiträge" III S. 25 A. 2.

18) Infin. praes. pass. und Infin. gerundivi: 18 210 res anceps: primum omnium a caelo peti legem, deinde eam argumentis esse quaerendam.

19) Verschiedene Constructionen desselben Verbums: 7, 121 quo miraculo matris salus donata pietati (filiae) est, ambaeque perpetuis alimentis *(donare alicui aliquid* und *donare aliquem aliqua re* verbunden).

20) Substantiv und Infinitiv: 35, 56 hic catagrapha invenit, hoc est obliquas imagines, et varie formare voltus. 28, 53 (remediis) his adnumeratur exercitatio, intensio vocis, ungui, fricari cum ratione. 37, 130 vitia eorum languor aut alienis turbari coloribus. 32, 61 gaudent et peregrinatione transferrique in ignotas aquas. 17, 246 (arborum) communia

ablaqueatio, adcumulatio, adflari radices aut cooperiri etc.
2, 27 per quae declaratur haut dubie naturae potentia, idque
esse quod deum vocemus. 28, 13 si semel recipiatur ea ratio
et deos preces aliquas exaudire aut nullis moveri verbis etc.
33, 36 et causam quae supra indicata est exponit invitosque
etiamnum tamen trossulos vocari. 19, 133 et oblini fimo radices suas locumque similiter madidum amant. Ueber 17, 184
vgl. meine Emend. III S. 23 f.

21) Substantiv und Conjunctionalsatz: 12, 69
probatur Trogodytica pinguedine et quod aspectu aridior est.
35, 192 (Eretria terra) probatur mollitia et quod, si aere
perducatur, violacium reddit colorem. 37, 43 indicio est pineus
in adtritu odor et quod accensum taedae modo ac nidore flagrat.
18, 77 probatur autem levore et levitate atque ut recens sit.
31, 39 (aquarum) frigori et opacitas necessaria utque caelum
videant. 36, 91 (labyrinthum) fecit sibi Porsina — sepulchri
causa, simul ut etc. 34, 38 cuius (signi) eximium miraculum
non eo solum intellegitur quod ibi dicata fuerat, verum et
satisdatione.

22) Präposition und Conjunctional- oder Frage-
satz: 36, 155 (pumicum) probatio in candore minimoque pondere et ut quam maxime spongiosi aridique sint. 23, 144 capitis dolori inlinuntur maximeque in febri, si ab ebrietate, in
aceto etc. (vgl. 24, 62). 11, 142 de geminis pupillis, aut quibus
noxii visus essent, satis diximus.

23) Particip oder Abl. abs. und Conjunctionalsatz: 28, 113 caput eius et guttur, si roboreis lignis accen-
dantur, imbrium et tonitruum concursus facere Democritus
narrat, item iocur in tegulis ustum. 32, 12 (polypum hamos
non) prius dimittere quam escam circumroserit aut harundine
levatum extra aquam. 34, 92 non aere captus nec arte unam
tantum Zenonis statuam — non vendidit Cato, sed quia philosophi erat. 15, 20 et error hominum falsus existimantium
maturitatis initium quod est vitii proximum, deinde quod —
arbitrantur. 8, 46 (Aristoteles tradit leones) quae possint in
mandendo solida devorare, nec capiente aviditatem avlo —
extrahere, aut si fugiendum in satietate habeant. 30, 83 si

aeger ei respondeat qui intulerit (ricinum) a pedibus stanti interrogantique de morbo, spem vitae certam esse, moriturum nihil respondere: zugleich mit Umkehrung der hypothetischen Aussage statt *si nihil respondeat, moriturum.* 25, 129 ex hoc perunctos venustiores fieri, — aut si quis id in bracchiali habeat (so Detlefsen nach der besten Ueberlieferung, die Vulg. mit Cod. d *aut veneno, si).* 2, 80 modo raritas (stellarum est), ut fugisse miremur, plenilunio abscondente aut cum solis suprave dictarum radii visus perstrinxere nostros. 9, 77 invenit in hoc animali documenta saevitiae Vedius Pollio — vivariis earum inmergens damnata mancipia, non tanquam ad hoc feris terrarum non sufficientibus, sed quia etc. 11, 80 (araneorum genus) orditur telas tantique operis materiae uterus ipsius sufficit, sive ita corrupta alvi natura —, sive est quaedam intus lanigera fertilitas.

24) **Infinitivsatz und Relativsatz:** 32, 153 (Ovidius) praeter haec insignia piscium tradit: channen ex se ipsa concipere, glaucum aestate nunquam apparere, pampilum qui semper comitetur navium cursus, chromin qui nidificet in aquis. 18, 292 praeterea tam facile intellegi ut formica ˙— interlunio quiescat, plenilunio etiam noctibus operetur, avem parram oriente sirio ipso die non apparere etc. (Vgl. 18, 252). 41 ex quo intellegi possit apud populum etiam de culturis agendi morem fuisse, qualiterque defendi soliti sint illi viri.

25) **Völker- und Ländernamen:** 3, 112 Umbri eos expulere, hos Etruria, hanc Galli. 8, 32 Elephantos fert Africa —, ferunt Aethiopes et Trogodytae, — sed maximos India. 12, 80 ad Persas etiam prius — quam in Syriam aut Aegyptum. 84 India et Seres. 104 Indis atque Syriae. 13, 90 Indorum atque Arabiae. 115 apud Medos aut in Achaia. 21, 11 ab India aut ultra Indos. 36, 51 ab Aethiopia usque — immo vero etiam in Indos. So sehr häufig, nur nicht immer in so unmittelbarer Folge.

26) **Personen und Sachen,** besonders Krankheiten und Kranke: 12, 97 (balsamodes) amara ideoque utilior medicis, sicut nigra unguentis. 13, 113 flos balaustium vocatur, et medicis idoneus et tinguendis vestibus. 19, 167 git pistrinis,

anesum et anetum culinis et medicis nascuntur. 32, 144 (celebres) luxuriae testudines et medicis fibri. 14, 51 (Seneca)
principe tum eruditorum ac potentia. 15, 41 (nucibus insita)
faciem parentis sucumque adoptionis exhibent. 20, 8 contra
phthiriasim bibitur et hydropicis. 46 sanguinem excreantibus
et phthisicis et destillationibus longis — item morbo regio vel
hydropicis et ad renum dolores. 27, 129 ad rupta, convolsa,
contusis, ex sublimi devolutis (vgl. 29, 141). 32, 29 medentur
et vertigini, opisthotono, tremulis, spasticis, nervorum vitiis,
ischiadicis etc. Vgl. 20, 31; 41; 66 und v. Jan, Observationes
crit. in Plin. N. H. München 1830 p. 21. Fels p. 13.

27) Das Subject: 24, 42 (dentes) mobiles decocto colu-
untur, capillum tinguit (sc. decoctum). 19, 87 odium iis (raphanis) cum vite maximum, refugitque iuxta satos 182 (herbas)
praecipue tamen imbres alunt, nam et bestiolae innascentes
necantur (sc. imbribus). 22, 84 (sium) prodest urinis — sive
ipsum in cibo sumptum sive ius decocti sive semine in vino.
23, 38 vino modico nervi iuvantur — somnus conciliatur.
praeterea vomitiones sistit etc. Vgl. die unter 5 angeführten
Stellen: 21, 165; 25, 117; 27, 124.

Von anderen Fällen des Subjectswechsels sehen wir hier
ab, da nicht Alles der Art unter unseren Gesichtspunkt fällt.

28) Aliqui, quidam, alii: 27, 15 quidam et caulem —
incidunt suci gratia, aliqui et folia. 7, 77; 9, 73; 11, 60.
17, 237 quaedam — aliqua — aliqua. 16, 94 alia protinus, —
tardius aliqua. 17, 52 alii — aliqui. 24, 184 quod telin vocant, alii carphos, aliqui buceras, alii aegoceras. 11, 1 alia —
alia — aliqua. 25, 160; 33, 101. 13, 114 aliqui — alii —
alii — aliqui — alii. 34, 106 quidam — aliqui — alii. 15, 26,
quidam — alii — aliqui. 27; 63. 10, 112 aliae — quaedam —
aliquae. 18, 203 sunt qui — alii — aliqui. (Vgl. 10, 146
gleichmässig 4 mal aliquae. 34, 168 quidam — quidam, dann
4 mal alii. 31, 5 aliae 5 mal, dann nonnullae). Ausserdem
führt Sillig zu 34, 106 eine Anzahl von Stellen auf mit *aliqui*
oder *quidam* im ersten Gliede und folgendem *alii*.

Wir reihen weiter

29) Die Abwechselung der copulativen Partikeln an.

Wenn dieselbe auch keineswegs neu ist, vielmehr schon bei Livius auftritt (vgl. Dräger, Histor. Synt. ² II S. 63), so war doch bei den älteren Classikern die Gleichmässigkeit Regel und überwog auch weiterhin, während nun umgekehrt die Abwechselung vorwaltet, die Gleichmässigkeit nur in den blosen Namensverzeichnissen, der trockenen Aufzählung von Personen und Völkern, von Ländern, Flüssen, Städten, von Thieren, Pflanzen u. s. w. gewahrt wird.

So steht *et* 2 mal: 2, 65, 22*); 5, 78 32 f.; 92, 7; 108, 31; 112, 26; 117, 1; 145, 7; 146, 11 f.; 6, 124, 1; 137, 28; 183, 7; 7, 206, 21 (Detlefsen liest mit Cod. d *ac scirpo*). 3 mal: 2, 99, 25; 5, 76, 23; 129, 2; 6, 114, 8; 147, 20; 7, 198, 1 f.; 10, 147, 12; 18, 60, 15; 21, 99, 12: 28, 140, 17; 257, 20; 34, 78, 12; 36, 34, 4; 131, 16 f.; 37, 121, 2. 4 mal: 5, 44, 30 f.; 28, 171, 19; 35, 99, 20; 37, 141, 12 f. In fortgesetzter Corresponsion, 4 mal: 24, 69, 23; 36, 160, 13. 9 mal: 16, 176, 12 ff. *ac* 2 mal: 15, 78, 30; 32, 24, 12; 37, 94, 28. *ac* und *atque*: 6, 95, 10; 11, 11, 31.

Sonst wird überall mit den Partikeln gewechselt und zwar a) in sich entsprechenden Gliedern: 7, 165 pariterque domini ac servi gignuntur, reges et inopes. 26, 97 cuius (radicis) inferior pars et maior mares gignat, superior ac minor feminas. 5, 7 tibiarum ac fistulae cantu tympanorumque et cymbalorum sonitu. 9, 148 spissum ac praedurum — spissum et mollius — tenue densumque. b) In verbundenen Gliedern lösen sich ab: *que* und *et*: 16, 7 cedunt his (coronis civicis) murales vallaresque et aureae. 16, 13, 34; 18, 43, 12; 19, 5, 21 f.; 26, 19, 3. *que* und *ac*: 26, 2 in colla pectusque ac manus. 35, 71, 1. 13, 83 Ciceronis ac divi Augusti Vergiliique. *et* und *ac* (atque): 14, 140 peregrinae exercitationes et volutatio in caeno ac pectorosa cervicis repandae ostentatio. 5, 60, 26; 6, 66, 8; 33, 52, 14; 35, 168, 30; 37, 116, 6. 29, 4 in primis clara ac valida et Aesculapio dicata. 5, 65, 21; 7, 7, 26 f.; 12, 111, 4 f. 33, 78, 8. *et — et — que*: 34, 91 athletas autem et armatos et venatores sacrificantesque. 5, 79, 28.

---

*) Die dritte Ziffer bezeichnet die Zeile nach Detlefsens Ausgabe.

que — et — ac: 12, 35 in Arabia Indiaque et Media ac Babylone.
13, 59, 31; 16, 50, 9. *que — ac — et:* 28, 144 taurorum
leonumque ac pantherarum et camelorum. 12, 40, 36; 3, 42, 25.
(et — que) — ac — et: 21, 11 coronae deorum honos erant
et larum publicorum privatorumque ac sepulchrorum et manium.
et — (que — et) — ac — atque: 3, 1 hactenus de situ et miraculis terrae aquarumque et siderum ac ratione universitatis atque
mensura. Correspondirendes *et* und *que — ac:* 8, 133
contracto et ore pedibusque ac parte omni inferiore. *et — et*
und *que — ac — et:* 17, 185 et in Africa et in Aegypto
Syriaque ac tota Asia et multis locis Europae. *et — et —
et — et — et — ac — que — et:* 30, 14 et aqua et sphaeris
et aere et stellis et lucernis ac pelvibus securibusque et multis
aliis modis.

30) Disjunctive Partikeln: *aut* und *vel:* 13, 132
(cytisus) seritur cum hordeum, aut vere semine —, vel caule
autumno. 18, 151 in flore aut protinus cum defloruere vel
maturescere incipientibus. 37, 42 densatur rigore vel tempore
aut mari. 20, 99 (scilla) coquitur pluribus modis, in olla quae
coiciatur in clibanum aut furnum, vel adipe aut luto inlita,
aut frustatim in patinis: ‚vel' steht mit *aut* vor *frustatim* auf
gleicher Linie [39]). 12, 31 (adulterat medicamentum) asphodeli
radix aut fel bubulum aut apsinthium, vel rhus vel amurca.
26, 4 membrisque hominum certis vel aetatibus aut etiam for-
tunis (vgl. Urlichs, Chrestom. z. St. und 35, 116 oben unter 31).
aut und *ve:* 7, 106 quas Trebia Ticinusve aut Trasimennus
civicas dedere? 26, 1 non tota Italia nec per Illyricum Gal-
liasve aut Hispanias. 8, 23 infirmos aut fessos vulneratosve.
11, 37 Veneris aut Jovis Mercuriive exortus.

31) Copulative und disjunctive Partikeln: *que* und
aut: 17, 139 de calidis frigidisque et umidis aut siccis. 15, 1
(Fenestella tradit oleam) omnino non fuisse in Italia Hispania-
que aut Africa. 35, 116 piscantes aucupantesque aut venantes
aut etiam vindemiantes: so Detlefsen im Anschluss an Cod. V
aucupantesquae, B. *aucupantes. et* und *aut:* 23, 45 marmore
enim et gypso aut calce condita (vina) quis non et validus
expaverit? Ueber 25, 31 s. Anhang 40. *ve — et — ac:* 32, 1

quid enim violentius mari ventisve et turbinibus ac procellis? Vgl. Tac. Agr. 33 paludes montesve et flumina.

32) Copulative Partikel und Asyndeton: 3, 60 hinc Setini et Caecubi protenduntur agri. his iunguntur Falerni, Caleni. 5, 6 asperum squalentem — opacum nemorosumque et scatebris fontium riguum. 8, 102 caeli quoque observationem et ventorum, imbrium, tempestatum praesagia. 8, 1 intellectus illis (elephantis) sermonis patrii et imperiorum obedientia, officiorum quae didicere memoria, amoris et gloriae voluptas[41]). 35, 69 excelsum humilem, ferocem fugacemque. 37, 127 quaedam durae sunt ac rufae, quaedam molles, sordidae. 8, 228 (mirabilius in Creta non esse) apros et attagenas, irenaceos. 14, 112 (decoquitur) chamelaeae et chamaepityis, chamaedryis lignum. 21, 90 semen eius candidum et grande, amarum. 30, 5 Apusorum et Zaratum Medos, Babyloniosque Marmarum et Arabantiphocum, Assyrium Tarmoendam. 35, 147 (pinxit) Calypso senem et praestigiatorem Theodorum, Alcisthenen saltatorem. 37, 17 gemmata potoria et varia supellectilis genera, anulos translucentes. 16, 206 ilex item et oleaster et olea atque castanea, carpinus, populus. 35, 106 (fecit) Philiscum tragoediarum scriptorem meditantem et athletam et Antigonum regem, matrem Aristotelis philosophi. 32, 44 (auxiliatur mullus) contra pastinacas et scorpiones terrestres marinosque et dracones, phalangia. (Alle Ausgaben haben *et* vor *phalangia* eingeschoben). 37, 130 tum Pontica quae mollius radiat, Thasia — Galatica et Thracia et Cypria. 112 oleo, unguento, etiam mero colorem deperdunt.

33) Disjunctive Partikel und Asyndeton: 28, 63 contra renum aut lumborum, vesicae cruciatus. 156 canis rabiosi morsu facta volnera circumcidunt — carnemque vituli admovent et ius ex eodem carnis decoctae dant potui aut axungiam cum calce tusam, hirci iocur, quo imposito etc.[42]).

Ich habe mich in diesem Abschnitte absichtlich möglichst eng an das Schema bei Dräger, Synt. und Stil des Tacitus § 233 gehalten, um den Vergleich zwischen dem Plinianischen und Taciteischen Gebrauche zugleich herauszufordern und zu erleichtern. Uebersieht man die beiden Zusammenstellungen, so ist die Uebereinstimmung in vielen Punkten augenfällig und

musste sich bei Anwendung desselben Princips ergeben, ist
aber auch nicht zu verkennen, dass Plinius nicht selten willkürlicher und gewaltsamer abspringt, als Tacitus. So unter
Nr. 2 an den Stellen: 16, 49; 20, 199; 11, 101; 28, 254.
Nr. 3: 19, 166; 15, 127. Nr. 4: 19, 93. Nr. 5: 21, 165;
25, 120; 27, 124; 11, 232. Nr. 8: 28, 185. Nr. 19: 7, 121.
Nr. 25: 3, 112. Nr. 27: 24, 42; 19, 87; 182. Nr. 32: 8, 228;
14, 112; 37, 17; 16, 206; 35, 106; 32, 44. Nr. 33: 28, 63;
156. Und liest man die Stellen im Zusammenhange, so tritt
an vielen der Unterschied noch stärker hervor. Wenn Nipperdey in der Einleitung zu Tacitus Annalen S. 42 (7. Aufl.)
von den Contrasten in Ausdruck und Construction bei Tacitus
sagen konnte, es seien Dissonanzen aufgelöst in eine höhere
Harmonie, so kann das mit einigem Rechte nur von den Ein-
leitungen zu den einzelnen Büchern der N. H. und den hin
und wieder eingeflochtenen allgemeinen Betrachtungen behauptet
werden, die in der Regel sorgfältig ausgearbeitet sind und von
nicht geringer stilistischer Kunst zeugen. Dagegen hatte die
Anwendung des Princips der Variation in den beschreibenden
Theilen des Werkes etwas unnatürliches und den argen Miss-
stand, dass sie einem leichten Verständniss geradezu entgegen-
arbeitete. Der Leser empfindet nicht selten den Ruck peinlich,
der so willkürlich seine Gedanken aus ihrer Bahn zerrt.

IV. Kürze und Fülle des Ausdrucks.

A) Ellipse und Ergänzung einzelner Satztheile.

§ 23. Die Ellipse des Substantivs bei Adjectiven, die in Folge dessen als Substantiva fungiren, findet sich bei Plinius ungefähr in dem gleichen Masse, nicht ausgedehnter und nicht häufiger, als bei anderen lateinischen Schriftstellern, mögen sie Breite oder Kürze der Darstellung lieben. Sie braucht also hier nicht behandelt zu werden, um so weniger, als das Einzelne wenn auch nicht vollständig doch ausreichend verzeichnet ist bei Grasberger de usu Plin. p. 7 sq. und bei Dräger Histor. Syntax ² I S. 59 ff.

§ 24. Auslassung der Pronomina.

Im Allgemeinen lässt sich constatiren, dass besonders das Pronomen demonstrativum, so ferne es sich leicht aus der vorhergehenden Erwähnung ergibt, viel häufiger ausgelassen als gesetzt wird. (Vgl. meinen Nachweis für Tacitus, „Beiträge“ III S. 8 ff.)

1) Der Accusativ als Object: 5, 68 mox Idumaea incipit — ab emersu Sirbonis lacus —. Herodotus Casio monti adplicuit. 8, 18 (captivum) obiecit elephanto, et ille dimitti pactus, si interemisset, solus in harena congressus — confecit. 24 (elephantos) Africa foveis capit, in quas deerrante aliquo protinus ceteri — omni vi conantur extrahere. 32 (elephantos fert) maximos India bellantesque cum iis — dracones tantae magnitudinis et ipsos ut circumplexu facili ambiant. 56 extracto surculo liberavit cruciatu (sc. leonem). 11, 54 si qua (apis) lassata defecit aut forte aberravit, odore persequitur

(imperatorem). 17, 227 cum praestringuntur (vites) — aut circumfossor iniurioso ictu verberavit. 236 (arboribus) infirmioribus — detractus (cortex) interemit (sc. eas). 20, 233 in usu aceto diluunt (pastillos). 24, 72 idem (carbo) cum libeat accendere (sc. venerem) resolvitur. 25, 123 sunt et ranis venena, rubetis maxime, vidimusque Psyllos in certamine patinis candefactis admittentes, ociore etiam quam aspidum pernicie[43]). 36, 22 adamavit enim Alcetas Rhodius (sc. Cupidinem). 70 alia ex hoc cura navium quae Tiberi subvehant (sc. obeliscum). 77 ante (sc. pyramides) est sphinx. 166 sed cura tuentur (sc. tofum). 47 secandi in crustas — inventum (die Vulg. vor Sillig *secandi marmor*). 32, 8 remedio est mas ob id induratus sale ut in bracchialibus habeant. 20, 192 in manu habentes (sc. anesum). So 20, 232; 22, 60; 24, 149; 33, 8; 24, 12; 37, 145; 165. Mit dem Pronomen 20, 223 habentes eas. 22, 52[44]). Vgl. weiter 2, 52; 53; 234; 8, 158; 9, 28; 11, 53; 13, 124; 33, 144; 36, 51 und die kurzen meist parenthetischen Sätze, die eine Benennung anfügen, regelmässig ohne Pronomen, wie 8, 184; 14, 55 u. A.

Das Personalpronomen ist ausgelassen: 18, 251 ne possis praeterire, miraculo (te) sollicito. Praef. 4 longius etiam (me) submoves.

2) Viel seltener andere Casus. Der Genetiv: 22, 62 tanta dissociatio (sc. aquae et adianti) deprehenditur. Der Dativ: 7, 75 Pusioni et Secundillae erant nomina (iis). 8, 196 unde nomen Attalicis (sc. vestibus). 11, 92 (cicadis) coitus supinis[45]). 71 fetus ipse inaequalis ut barbaris (Vgl. Wölfflin, Philologus 27 S. 129). 8, 12 mirus namque pudor est (sc. elephanto). 35, 92 invidit (ei d. i. Veneri) mors peracta parte. Vgl. § 156 cui (sc. signo Felicitatis) mors utriusque inviderit. 124 quamobrem daturus et celeritatis famam (sc. rationi picturae) absolvit uno die tabellam. 35, 148 nec ullius velocior in pictura manus fuit, artis vero tantum (sc. ei d. i. Iaiae fuit) ut multum manipretiis antecederet celeberrimos. 36, 17 (Phidiae) discipulus fuit Agoracritus Parius et aetate gratus (ei). 8, 44 Alexandro — inflammato cupidine animalium naturas noscendi delegataque hac commentatione Aristoteli — aliquot milia

hominum in totius Asiae Graeciaeque tractu parere iussa: Mayhoff hat mit Harduin *ei* nach *parere* eingefügt.

Der **Ablativ**: 8, 116 (cervis) ab eo tempore similia (cornua) revivescunt, nec potest aetas (iis d. i. cornibus) discerni. 20, 141 sine quo (laserpicio) epinyctidas pusulas curant (sc. ruta). 239 inungunt quoque scabras genas (sc. sinapi). 22, 58 in lacte iucundius alvom molliri (sc. tricocco). 25, 154 Anaxilaus auctor est mammas a virginitate inlitas (cicuta) semper staturas [46]). 28, 83 Sotira obstetrix tertianis quartanisque efficacissimum dixit plantas aegri subterlini (menstruo). 29, 130 quidam viridem (lacertam) comburunt et incipientem epiphoram inungunt. 33, 11 neque aliis uti (anulis) mos fuit. 35, 175 solo (eo d. i. vivo sulpure) ex omnibus generibus medici utuntur. 18, 139 ist die Ueberlieferung angefochten: (ervum) et ipsum medicaminis vim obtinens. quippe cum divom Augustum curatum (eo) epistulis ipsius memoria exstet: v. Jan hat *eo* eingesetzt, Detlefsen nach Urlichs Vind. Nr. 356 *cum* in *quo* geändert, was zu billigen ist.

3) Bei den **Participien** und zwar ganz gewöhnlich im **Dativ** und **Accusativ**, häufig auch im **Abl. abs.** Im **Dativ**: 8, 95 ne quae revertenti insidiae comparentur. 9, 85 (polypi) natant obliqui in caput, quod praedurum est sufflatione viventibus. 21, 12 incipienti haurire opposita manu: en ego sum, inquit illa etc. 22, 94 si caligaris clavos — adfuit nascenti. 35, 88 percontantique — parvum nescio quid dixerat. 10, 125 quantum poturo sufficeret. 35, 24 in qua legatione interfecto senatus statuam poni iussit. — Mit dem **Pronomen** 34, 48 neganti ei aenigmata se intellegere respondit [47]).

Das **Personalpronomen** ist ausgelassen: 21, 178 (trychni generi) tertio folia sunt ocimi, minime diligenter demonstrando remedia, non venena, tractantibus. 24, 167 et abunde sit hactenus attigisse insignia Magorum in herbis alia de his aptiore dicturis loco. 18, 251 ecce tibi inter herbas tuas spargo peculiares stellas easque vespera et ab opere disiungenti ostendo: da *tibi* im ersten Satzgliede steht, konnte es im zweiten leicht wegbleiben.

Im **Accusativ**: 5, 84 Ommam vocant inrumpentem, mox

etc. 8, 18 equites misit qui abeuntem interficerent. 9, 92 hi redeuntem circumvasere. 10, 1; 124; 14, 33; 22, 95; 35, 59; 104.

Mit dem Pronomen 18, 342 cum ante exorientem eum (solem) nubes rubescunt.

Im Abl. abs.: 8, 66 in navem regresso (raptore fetus) inrita feritas (tigris) saevit in litore. 115 (cervi) latent amissis (sc. cornibus). 10, 18 defuncta (virgine) postremo in rogum accensum eius iniecisse sese. 17, 39 (halitus) esse commota (sc. terra) debebit. 19, 66 descendentibus — curvatis. 28, 46 liberatoque. 35, 15 captis. 37, 166 addita. [9, 121 wenn mit Gesner *parante* statt des überlieferten *paranti* gelesen wird].

4) Als Subject eines Infinitivsatzes: 9, 153 modicus alias tractatus; ut prope carinam ventum est, nisi praeceleri vi repente rapiunt, absumi spectant d. i. *absumi urinantem spectant socii.* 9, 36 tum adnatare (venantes) leniterque singulis ternos [48]). 34, 48 Cicero — in altercatione neganti ei (Hortensio) aenigmata se intellegere respondit debere. 35, 26 exstat certe eius (M. Agrippae) oratio — de tabulis omnibus signisque publicandis, quod fieri satius fuisset quam in villarum exilia pelli. 36, 89 refecit unus omnino pauca ibi Chaeremon —. id quoque traditur, fulsisse (sc. Chaeremonem) etc. 37, 6 comitante fabula vanitatem eius (Ismeniae), indicato — sex aureis smaragdo, iussisse numerari etc. 10, 20 (avis sanqualis, inmusulus). quidam post Mucium — visos non esse Romae confirmavere, ego — arbitror non agnitos. 19, 17 maceratas (lini virgas) indicio est etc. 35, 25 video et in foro positas (picturas esse) volgo. 37, 127 Bocchus auctor est et in Hispania repertas (has gemmas). 11, 190 (divo Augusto sacrificanti responsum est) duplicaturum intra annum imperium. 30, 4 (de Zoroastre). praeceptorem a quo institutum diceret tradidit Agonacen d. i. a quo institutum se diceret Zoroastres. (Strack nimmt es unrichtig für *institutum Zaroastrem diceret Hermippus*). 35, 81 (anus interrogavit) a quo quaesitum (Protogenen) diceret. 33, 135 Isidorus testamento suo edixit, quamvis multa — perdidisset, tamen relinquere servorum etc. 2, 140; 6, 85; 140; 180; 7, 69; 91; 110; 156; 8, 17; 10, 53; 11, 5; 190; 15, 129;

17, 77; 19, 133; 32, 5; 9; 14; 35, 25; 101; 173; 37, 6; 127
Vgl. Mayhoff, Luc. p. 43 N. 26.

§ 25. Zuweilen ist in Aussagen von einem einzelnen
Exemplar der Gattungsname zu ergänzen: 8, 163 generat
mas (equus) ad annos XXXIII —. Opunte et ad quadraginta
durasse tradunt. 9, 44 praecipua magnitudine thynni. invenimus
talenta XV pependisse. 30, 82 (ricinum diutius in fame vivere).
septenis ita diebus durasse tradunt (singulos). 36, 70 navem
— qua C. Caesar importaverat (sc. obeliscum). 46 dicit enim
(Homerus) marmoreo saxo percussum (sc. hominem).

Ebenso das unbestimmte Subject *aliquot, homines*: 20, 87
invenio et podagra liberatos. 10, 84 visum iam saepe iussas
(luscinias) canere coepisse. 29, 68. 7, 159 in Tmoli montis
cacumine CL annis vivere (sc. homines) Mucianus auctor est
(v. Jan bezweifelt die Aechtheit der Ueberlieferung, Ausg. z. St.
und Jahrb. 93 S. 686). 8, 191 iam certe iis (vestibus) usos
Homerus auctor est. (33, 43 aere rudi usos Romae Timaeus
tradit: durch den Zusatz *Romae* erheblich leichter). 32, 141
sepiae atramento tanta vis est ut in lucerna addito Aethiopas
videri — Anaxilaus tradat. 7, 36 ex feminis mutari in mares
non est fabulosum. Vgl. Justin. 27, 1, 4 cum ad se interfi-
ciendam missos didicisset. Liv. 44, 23, 4 cum eodem ad pe-
cuniam accipiendam missi sunt. (Madvig, Emend. Livian. [2] p. 417.)

§ 26. Eigennamen mit hinzugefügtem *nomine* treten
als Subject oder Object auf statt als Apposition zu quidam
(7, 193 quendam nomine Menen) oder zu einem Gattungsnamen (9, 27 puerum Hermian nomine): 7, 74 procerissimum
hominum aetas nostra — Gabbaram nomine — vidit. 83 nos
quoque vidimus Athanatum nomine. 10, 38 externorum de
auguriis peritissime scripsisse Hylas nomine putatur. 16, 205
celebratur et Thericles nomine. 35, 114 idem — nomine
Gryllum — pinxit. 155 M. Varro tradit sibi cognitum Romae
Possim nomine.

Der Gattungsname ist im Zusammenhang gegeben: 2, 120
(ventorum genera). alii quippe mesen nomine etiamnum addidere
inter borean et caecian. 10, 116 (de ingeniis avium). equorum
quoque hinnitus anthus nomine — imitatur. 16, 167 (harun-

dinum genera). est et in Italia adarca nomine. 7, 53 (Antiocho)
e plebe nomine Artemo — similis fuit. Vgl. Nipperdey zu Tac.
Ann. 2. 74 und 13, 55.

§ 27. Verba dicendi werden ausgelassen a) wenn
die Aussage durch das Object oder ein Adverb angedeutet ist: Praef. 31 Nec Plancus inlepide etc. 35, 151 de
pictura satis superque. 2, 102; 6, 111. 7, 171 iam signa
letalia: (sc. dicemus). 2, 131; 241; 7, 50. 2, 94 haec ille in
publicum. (Allgemein üblich.) b) In Zwischensätzen: 8,
16 (elephanti) CXLII fuere aut, ut quidam, CXL. 7, 197 argentum invenit Erichthonius Atheniensis, ut alii Aeacus. 191;
198; 200; 203; 204; 3, 141; 6, 149; 156. (Die Auslassung
des Verbums ist Regel, auch bei anderen nicht ungewöhnlich).
c) Wenn ein gleiches Verb vorausgeht, sehr leicht bei unmittelbarer Folge, indem mit Setzung des neuen Eigennamens
das Verb bei dem vorhergehenden wieder aufgenommen wird,
wie 7, 12; 13; 16; 17; 27; 28; 6, 88; 8, 36; 158; 10, 101;
20, 42; 86; 94; 120; 31, 16—19.

Weniger leicht bei weiterer Entfernung und nach Unterbrechung durch directe Bemerkungen, wie 5, 46 Blemmyis traduntur capita abesse — Aegypanum qualis volgo pingitur forma.
Himantopodes loripedes quidam. 20, 89; 32, 15. Oder mit
folgender directer Rede: 17, 55 Varro praeceptis adicit —.
Cato: Stercus unde facias etc. Oder wenn das Verbum in
einem Zwischen- oder Nebensatze steht. 7, 31 ut refert Clitarchus. Trogodytas — velociores equis esse Pergamenus Crates.
34, 29 hanc primum — publice dicatam crediderim — nisi
Cloeliae quoque Piso traderet — positam — e diverso Annius
Fetialis (tradit) equestrem — Valeriae fuisse.

Desgleichen wenn nur ein verwandtes Verb vorausgeht:
7, 24 Choromandarum gentem vocat Tauron silvestrem, sine
voce, stridoris horrendi — Eudoxus in meridianis Indiae viris
plantas esse cubitales: ‚vocat‘ steht kurz für *gentem tradit*
esse, quam vocat, worüber § 37. 4, 94 septentrionalis oceanus.
Amalchium eum Hecataeus appellat a Parapaniso amne —
Philemon Morimarusam a Cimbris vocari. 7, 29 Mandorum
nomen iis dedit Clitarchus, et Megasthenes trecentos eorum

vicos adnumerat. feminas septimo aetatis anno parere —. Artemidorus in Taprobane insula longissimam vitam — traduci: schon zu *feminas* — *parere* ist *tradit* aus *adnumerat* zu ergänzen. 35, 71 (Parrhasius) et cognomina usurpavit habrodiaetum se appellando aliisque versibus principem artis et eam ab se consummatum. 15, 127 (laurum) Pompeius Lenaeus adiecit quam mustacem appellavit, quoniam mustaceis subiceretur. hanc esse folio maximo. 7, 16 Aristoteles adicit dextram mammam iis virilem, laevam muliebrem esse. in eadem Africa familias quasdam effascinantium Isogonus et Nymphodorus: Detlefsen hatte mit Cod. D ² *tradunt* eingesetzt, was Mayhoff mit Recht wieder weggelassen. 36, 81 quaestionum summa est quanam ratione in tantam altitudinem subiecta sint caementa. alii nitro ac sale adaggeratis —, alii lateribus e luto factis extructos pontes etc.: durch *quaestionum summa est* ist der Leser auf die Ergänzung eines Verbum dicendi hingeführt. (Vgl. Tac. Hist. 4, 76 apud Germanos diversis sententiis certabatur. Civilis opperiendas Transrhenanorum gentes etc. Ann. 1, 9). 41 Arsesilaum quoque magnificat Varro, cuius se marmoream habuisse leaenam etc.: aus *magnificat* ist *narrat* zu ergänzen. 8, 187 multi hibernas aquas praeferunt vernis, quoniam magis intersit ante solstitium quam ante brumam firmos esse, solumque hoc animal utiliter bruma nasci [49]). 16, 63 (fraxinum) alii situ divisere, campestrem enim esse crispam, montanam spissam. 67 (acer) Graeci situ discernunt, campestre enim candidum esse etc.

Nicht ohne Härte ist die Ergänzung eines affirmativen Verbum dicendi nach vorausgegangenem negativen: 10, 32 (corvos) ore parere aut coire vulgus arbitratur —. Aristoteles negat: non Hercule magis quam in Aegypto ibim, sed illam exosculationem quae saepe cernitur qualem in columbis esse (dicit). 11, 6 iidem enim et vocem esse his (insectis) negant —, et alia (dicunt) quae suis aestimabuntur locis. 20, 31 habentes eam (radicem pastinacae erraticae) feriri a serpentibus negantur, aut qui ante gustaverint non laedi. 32, 26 amputari hos ab ipsis (testes a fibris), cum capiantur, negat Sextius —, quin immo parvos esse etc. 15, 1 oleam Theophrastus — negavit

nisi intra $\overline{XXXX}$ passuum ab mari nasci, Fenestella vero omnino
non fuisse in Italia etc. 16, 144 (hederam in Asia nasci) ne-
gaverat Theophrastus, nec in India nisi in monte Mero, quin
et Harpalum omni modo laborasse ut sereret eam in Medis
frustra. 20, 192 Pythagoras quidem negat corripi vitio comitiali in manu habentes (anesum), ideo quam plurimum domi
serendum. 19, 112 quidam ulpicum et alium in plano seri vetant
castellatimque grumulis inponi distantibus inter se pedes ternos
(sc. iubent). 14, 59 genera autem vini alia aliis gratiora esse
quis dubitat, aut non ex eodem lacu aliud praestantius altero?

§ 28. Verba agendi werden ausgelassen a) wenn der
Verbalbegriff durch das Object und ein Adverb oder eine andere
Bestimmung angedeutet ist: 11, 29 nihil horum stato tempore,
sed rapiunt (apes) — munia. 8, 154 multa praeterea eiusdem
modi. 10, 178 (canum) feminae hoc idem (urinam reddere)
sidentes. 101 (perdicem) victum aiunt venerem pati, id quidem
et coturnices Trogus et gallinaceos aliquando (sc. facere). b) in
relativen und Zwischensätzen, indem aus einem speciellen Verbum
ein allgemeines des geschehens zu ergänzen ist: 2, 136 (in urbis
et Campaniae tractu) iuxta hieme et aestate fulgurat, quod non
in alio situ. 10, 120 Agrippina — turdum habuit, quod nunquam ante, imitantem sermones hominum. 31, 26 quod non
in alio genere mortiferorum fontium. 32, 2 (pisciculus echenais)
cogit stare navigia, quod non vincula ulla. 35, 120 (pictor
Famulus) paucis diei horis pingebat, id quoque cum gravitate.
17, 94 illam inscientiam pudendam esse conveniet adultas inter-
lucare iusto plus — aut, ut plerumque, ipsis qui posuere coar-
guentibus imperitiam suam, totas excidere. (Vgl. die abweichende
Auffassung Silligs). 31, 37 iucundum sit illud (quod resipit
aqua) licet gratumque et, ut saepe, ad viciniam lactis accedens.
(Vgl. Anton, Studien z. lat. Gr. u. Stilist. II S. 115).

Wie die Beispiele zeigen, bewegt sich Plinius innerhalb
der Grenzen des allgemein Ueblichen. Er hat was durch
Nebenbestimmungen bereits genügend angedeutet war als ent-
behrlich unausgedrückt gelassen [50]). Eine andere stilistische
Absicht, wie sie z. B. Tacitus bei der Ellipse der verba dicendi
und agendi verfolgt (vgl. meine „Beiträge" IV S. 41 und

G. Clemm, de breviloquentiae Taciteae quibusdam generibus
p. 43 sq.), ist nicht erkennbar. Weniger leicht macht sich an
ein paar Stellen

§ 29 die Ellipse von *venire* und *nasci*: 20, 33 Syria in
hortis operosissuma, unde quoque in proverbium Graecis *multa
Syrorum olera*. Index XII (3) platanus quando primum in
Italiam et unde [51]). — 22, 29 hippophaes in sabulosis mariti-
misque. 27, 62 Crataegonon — in opacis: an beiden Stellen
hat die Vulg. *nascitur* eingesetzt, was noch Sillig wahrte.
Doch ist es überflüssig und es braucht auch nicht das spe-
cielle Verbum *nasci* gedacht zu werden, es genügt das allgemeine sein als Ergänzung, wie 10, 186 proventus eorum
(murium) siccitatibus. Index XXVIIII (2) quando primum
clinice, quando primum iatraliptice. 21, 8 ingensque et hinc
severitas. 9, 139 sed alia e fine initia. 34, 34 unde luxuria.
18, 10 cognomina etiam prima inde. 11, 150; 158; 130.

§ 30. Ein Verbum des nennens fehlt: 5, 107 Bargylia
et (a quo sinus Iasius) oppidum Iasus. 4, 76 dein vastum mare
Pontus Euxinus qui quondam Axenus. 5, 46 Pharusi, quondam
Persae, comites fuisse dicuntur Herculis. 100 Antiphellos quae
quondam Habesos — deinde Patara, quae prius Pataros. 148 dein
Nicaea — quae prius Olbia. 3, 129 colonia Pola quae nunc Pietas
Iulia. Auch hier bedarf es kaum der Ergänzung eines Verbums
des nennens, es könnte *est, fuit* genügen, wie Verg. Aen. 1, 268
Ascanius, cui nunc cognomen Iulo Additur, — Ilus erat, dum res
stetit Ilia regno —. Iuvenal 8, 38 ergo cavebis Et metues, ne tu
sic Creticus aut Camerinus. Plin. n. h. 7, 144 et hoc dicebat
iam Baliaricis, Diadematis, iam Macedonicus ipse. Doch ist
allerdings Ellipse von *appellare* an vielen Stellen unzweifelhaft.
6, 113 ubi Alexandropolis a conditore. 18, 259 invisa et equi-
saeti (herba) est, a similitudine equinae saetae. 21, 41. 5, 43
super eos Aethiopum gentes Nigritae a quo dictum est flumine.
3, 82 in Puteolano autem sinu Pandateria, Prochyta, non ab
Aeneae nutrice sed quia profusa ab Aenaria erat, Aenaria a
statione navium Aeneae — Pithecusa, non a simiarum multitudine — sed a figlinis doliorum. 5, 31 Cyrenaica, eadem
Pentapolitana regio (vgl. 3, 6 in eo prima Hispania terrarum

est, ulterior appellata eadem Baetica). 60; 94; 15. 53; 122.
Oft ist die Ellipse auch durch ein vorhergehendes oder unmittelbar folgendes gleiches Verbum gemildert: 5, 123 rursus
in litore Antandros Edonis prius vocata, dein Cimmeris, Assos,
eadem Apollonia. 4, 70 Sicinus quae antea Oenoe, Heraclia quae
Onus, Casos quae Astrabe —, Melos cum oppido quam Aristides
Mimblida appellat. 18, 159; 20, 231; 37, 187.

§ 31. Formen von *esse* werden bei Plinius in zahlreichen
Fällen, in denen sie von anderen Schriftstellern, auch den
gleichzeitigen, in der Regel gesetzt und nur aus irgend einem
besondern Anlass erübrigt werden, fast durchgängig ausgelassen.
Und zwar nicht blos in der nackten Aufzählung von Erschei-
nungen und Thatsachen aus Geographie, Medicin, Mineralogie,
Kunst, sondern auch in den mehr ausführenden Beschreibungen
aus Anthropologie, Zoologie, Botanik. So *est, sunt,* auch *erat,
fuit,* nur seltener

a) als *Copula* zwischen Subject und Praedicat: 3, 133;
9, 49; 16, 140; 25, 56; 9, 2; 11, 202; 2, 89; 96; 11, 83;
19, 105; 8, 161; 11, 83; 18, 9; 35, 101.

Nicht ohne Härte: 3, 120 omnia ea fossa Flavia. 13, 82
diligentior cura mollia panis fermentati collata aqua fervente.
2, 175 (terra) haec in qua conterminos pellimus = *haec est in
qua* etc.

b) Beim Dativ des Besitzes und beim Genetivus
possessivus, sei's dass sie wirklich stehen oder zu ergänzen
sind: 8, 48; 74; 91; 187; 10, 117; 171; 11, 145; 202; 13, 58;
14, 53; 15, 85; 16, 20; 207; 19, 105; 20, 163.

c) Bei neutralen Adjectiven mit und ohne Dativ,
wie naturale 8, 188; 11, 144. facile 10, 134. facilius 17, 214.
mirum 7, 190. mirabilius 8, 228. melius 17, 170; 214. utilius
13, 19. necessarium 17, 86. iustum 9, 133. manifestum 17, 255.

d) *esse* und *fuisse* im Accus. c. infin., *esse* beim Infin. perf.
pass.: 11, 144 quos pavidiores accepimus. 16, 204 non desunt
qui Syriacas terebinthos nigriores adfirment. 24, 143 semen
dracunculi fervens mordaxque tradendo. 25, 27 cum Homerus
candidum (florem) scripserit. 25, 131 Sextius eosdem effectus
equino (caseo) quos bubulo tradit. 9, 44 invenimus talenta XV

pependisse (thynnum), eiusdem caudae latitudinem duo cubita et palmum (fuisse)[52]. 7, 173 C. Aelium Tuberonem — a rogo relatum — plerique tradunt. 28, 151; 31, 83; 36, 182 und weitere Beispiele § 24, 4.

Haben schon diese leichteren Fälle, von denen wir nur einzelne Proben gaben, durch ihre grosse Masse viel dazu beigetragen, dass die Darstellung des Plinius etwas skizzenhaftes und abgerissenes hat, so erhält sie dies Gepräge noch mehr durch eine Menge weniger leichter oder geradezu harter Auslassungen. So fehlt

e) fast regelmässig *est* bei Substantiven wie *causa, ratio, remedium, probatio, laus, argumentum* u. dergl. mit folgendem Gegenstandssatze: 2, 181 causa, quod eunti cum sole iter erat. 17, 14; 37, 164. 34, 122 ratio ut. 11, 46. 27, 46 diluti (absinthi) ratio ut. 18, 300. 18, 85 remedium ut. 33, 122. 33, 84 remedium abluere. 29, 36 probatio ut. 12, 120; 31, 113; 114; 35, 180; 184. 35, 191 prioris laus ut. 13, 31 argumentum quod. 13, 13 huius proprietas ut. 35, 197 proprietas saxi quod. 17, 104 reliqua observatio ne. 26, 55 differentia quod.

f) In relativen und conjunctionalen Sätzen: 12, 126 e ferula, quae eiusdem nominis. 6, 157 Minaei a rege Cretae Minoe —, quorum Carmei d. i. zu denen gehören. 16, 6. 66 quod praecipui candoris. 11, 221; 8, 95; 37, 73; 34, 17; 36, 25 ubi et canephoros eiusdem. 35, 74 quod opus nunc Romae in templo Pacis est: nur im Cod. B fehlt hier *est*. Zugleich im Hauptsatze: 11, 221 sanguis quibus multus et pinguis iracundi. 11, 178 quibus longa crura, iis longa et colla. 247 omnibus hi (ungues) quibus et digiti. 17, 224 ut homini nervorum cruciatus sic et arbori. So regelmässig. — 9, 168 quando eadem aquatilium genera aliubi atque aliubi meliora. 16, 125 et si qua unistirpia. 28, 95 (prodesse) eiusdem dentes, si de sinistra parte rostri (sint) (vgl. 28, 100). 21, 127 (folia) vulneribus inponuntur, si testium, melius cum hyoscyamo. 23, 144 capitis dolori inlinuntur —, si ab ebrietate, in aceto etc. 16, 151 quamquam omnium hederarum generi radicosa bracchia, huic tamen maxime ramosa ac robusta. 24, 69; 8, 209 (suibus) quinquaginta prope sapores, cum ceteris singuli. 14, 55 (claritas) anno fuit omnium generum bonitate L. Opimio cos.. cum C. Gracchus tribunus — interemptus[53]). 25, 54 nigrum medetur paralyticis —, dum citra febrim. 11, 191 ut prodigii loco utrumque advenae. 16, 139 materie rara, ut paene fruticosi generis. 25, 133 teritur cum adipe suis nigrae, id quoque excipitur, ut eius suis (sc. adeps sit) quae nunquam peperit. 37, 120 caeruleae et sappiri, rarumque ut cum purpura.

g) Im Perf. indic. passiv., und zwar

1. dem unpersönlichen, nicht blos in Verbindung mit *hoc, id, qua in re* (8, 183; 224), mit einem Dativ oder der Praeposition *a* (15, 132 notatum antiquis. 34, 19 notatum ab auctoribus), sondern auch ohne irgend welche nähere Bestimmung, wie bei den neutralen Adjectiva: *compertum* 8, 208; 12; 8. *notatum* 10, 62. *observatum* 8, 103; 172; 173. *institutum* 14, 143.

2. Dem persönlichen: 3, 152 (insulae). contra Iader est Lissa, et quae appellatae. 7, 47 qua de causa et Caesones appellati. simili modo natus et Manilius. 23, 19 labrusca quoque oenanthen fert — quae a Graecis ampelos agria appellata. 33, 46 et inde bigati quadrigatique dicti. 8, 71 qualis saepe visus. 195 unde triumphales (vestes) natae. 9, 67 Asinius Celer — unum mercatus HS. VIII mullum. 9, 164 saepia — parit inter harundines aut sicubi enata alga. 12, 7 ubi postea factum gymnasium. 16, 10 (coronae) novissime et in sacris certaminibus usurpatae. 20, 260 sin plures sumpti, capitis dolorem faciunt. 33, 44 argentum signatum anno urbis CCCCLXXXV. 45 quadrans antea teruncius vocatus. 8, 44 (Aristoteli) aliquot milia hominum — parere iussa. 5, 88 Palmyra — vasto undique ambitu harenis includit agros ac velut terris exempta a rerum natura. 16, 133 sed maxime mirum. Antandri platanus etiam circumdolatis lateribus restibilis sponte facta vitaeque reddita[54]).

h) Beim Particip. praes. act.: 8, 115 sed et hi (cervi) bono suo invidentes. 7, 4 quamdiu palpitans vertex! 10, 56 nec ulla ales excepto struthocamelo maius corpore inplens pondus.

i) In der Construction des Nominativus c. infin.: 8, 123 cui iubata traditur cervix. 176; 10, 44; 13, 49. 6, 199 traditur et alia insula contra montem Atlantem. 2, 137; 7, 67; 173. 6, 200 contra hoc quoque promunturium Gorgades insulae narrantur. 201; 7, 26; 10, 63. 10, 3 (phoenix) aquilae narratur magnitudine. 13, 91 Atlans mons peculiari proditur silva. 21, 160 habrotonum duorum traditur generum. 19, 57 haec cura feminae dicebatur. 13, 90 (arbor linifera) qualis Indorum atque Arabiae dicta est (vgl Mayhoff, Luc. p. 31). 23, 130 caprifico quoque medicinae unius miraculum additur⁵⁵). 8, 154 idem (Bucephalas) in proeliis memoratae cuiusdam perhibetur operae (fuisse). 36, 94 legitur et pensilis hortus (fuisse). (10, 155 narrantur et mortua gallina mariti earum visi succedentes in vicem. 17, 243 (in C. Epidii commentariis) arbores locutae quoque reperiuntur. 19, 86 fertur in templo Apollinis Delphis adeo ceteris cibis praelatus raphanus, ut etc. 36, 13 in ipso Chio narrata est — Dianae facies in sublimi posita etc. 2, 43 quae singula in ea (luna) deprehendit hominum primus Endymion, ob id amore eius captus fama traditus. 23, 110 si quis — devoraverit, adfirmatur nullam oculorum inbecillitatem passurus eodem anno. 29, 128 ciconiae pullum qui ederit negatur annis continuis lippiturus.)

Diesen massenhaften Ellipsen gegenüber verschwinden die wenigen Fälle, in denen z. B. *est* leicht hätte erübrigt werden können, aber gesetzt ist: 8, 57 quoniam tum praecipuus votorum locus est, cum spei nullus est. 18, 27 nihil autem salutare est nisi quod toto anno salubre est. 27, 15 sed nulla magis inproba est, neque alia nigrior est. 35, 47 optimumque est quod maxime vicinum est (chrysocollae).

§ 32. **Ergänzung einzelner Satztheile aus dem Vorhergehenden.**

Ergänzungen einzelner Wörter oder Wortverbindungen aus vorhergehenden Sätzen oder Satzgliedern ergeben sich aus dem Verhältniss der verknüpften Sätze zu einander. Stehen sie sich nahe und sind sie in ihrer Construction gleichartig, so weist der vorhandene Ausdruck auf den fehlenden hin und führt ihn von selbst mit sich. Die Ergänzung ist dann eine leichte und kann ein Vorzug der Darstellung sein. In diesen Gränzen hat sich kaum ein Schriftsteller gehalten, am wenigsten Plinius. Er hat auch Wörter zu wiederholen verschmäht, durch deren Fehlen unvollständige und ungewohnte Bezeichnungen einge-

führt werden, oder zu deren Ergänzung, obwohl in der Nähe
gegeben, die gesetzten Ausdrücke keineswegs leicht und von
selber hinführen; er hat dem Leser Ergänzungen auch aus
ganz ungleichartigen oder entfernteren Sätzen über Zwischenglieder und abweichende Constructionen hinweg zugemuthet
und dadurch das Verständniss oft sehr erheblich erschwert.
So ist zu ergänzen:

1. Zu einem Genetiv das regierende Substantiv:
29, 6 auditor eius (Asclepiadis) Themison fuit, seque — ad-
scripsit illi, mox — ad sua placita mutavit, sed et illa Antonius
Musa eiusdem (sc. auditor). 23, 54 quin et cum aqua (acetum)
bibitur multorum stomacho utiliter, gargarizatur cum eadem
convalescentium (sc. stomacho). 17, 54 Varro praeceptis
adicit equino (fimo) quod sit levissimum segetes aleudi
(sc. praeceptum).

Erheblich leichter: 34, 5 quaestus enim causa ut omnia
exerceri coepta est quae gloriae (causa) solebat. 19, 106 ergo
omnibus annis separatim semen cepae causa seritur, separatim
cepae (seruntur) seminis (causa) 32, 47 privatim contra pre-
steris morsum sarda prodest. inponuntur salsamenta et contra
canis rabiosi (morsum).

2. Zum Genetiv oder Dativ das Adjectiv: 6, 99 flumen
Hyperis in medio sinu Persico, onerariarum navium capax, flumen
Sitioganus —, flumen navigabile Phrystimus, insula sine nomine.
flumen Granis modicarum navium per Susianen fluit: die Vulg.
bis auf Sillig: *modic. nav. capax.* 37, 150 bucardia bubulo
cordi similis Babylone tantum nascitur, brontea capiti testudinum
e tonitribus cadit: so Cod. B., andere: *capiti testudinum similis.*

3. Zum Adjectiv oder Zahlwort das Substantiv:
35, 114 parva et Callicles fecit, item Calates comicis tabellis,
utraque Antiphilus. namque — es folgen 4 Zeilen, dann: idem
iocosis (sc. tabellis) nomine Gryllum — pinxit. 11, 257 longipedes porrectis ad caudam cruribus volant, quibus breves, contractis ad medium. 18, 57 leguminum unicaulis faba sola, unus
et lupino.

Umgekehrt zum Substantiv das Adjectiv: 36, 94 le-
gitur et pensilis hortus, immo vero totum oppidum (pensile fuisse).

4. Zum Cognomen oder Appellativum das Nomen proprium: 33, 15 ist der Capitolinische Iupiter schlechthin Capitolinus genannt, wie Urlichs bemerkt, nur desswegen, weil er kurz vorher § 14 mit vollständigem Namen erwähnt war. 36, 72 heisst es von dem Obelisk auf dem Marsfelde: ei qui est in campo, weil § 71 aus dem gleichen Anlass die volle Bezeichnung *in campo Martio* vorhergegangen war (vgl. Liv. 3, 69, 7 omnes iuniores — in campo Martio adessent. § 8 signa — ex aerario prompta delataque in campum). Ohne vorhergegangene volle Erwähnung 7, 143 revertens e campo (auch bei anderen, z. B. Hor. Sat. 1, 1, 91; 1, 7, 59; ad Pison. 162). 5, 75 fuit oppidum Crocodilon, est flumen (sc. Crocodilon). So oft. (Vgl. 5, 27 Cinyps fluvius ac regio).

Umgekehrt heisst der Lucrinersee 36, 125 blos Lucrinus, weil § 124 der lacus Fucinus vollständig erwähnt war. Aber auch 32, 61 sic Brundisina (ostrea) in Averno conpasta et suum retinere sucum et a Lucrino adoptare creduntur. 7, 143 ad Tarpeium raptus. 28, 15. (Hor. Sat. 1, 6, 39. Liv. Epit. 80. Tac. Ann. 1, 32; 4, 29 blos *saxo*). 31, 41 in Tiburtina (sc. via). Vgl. Iuvenal 1, 171.

Ebenso fehlt 16, 192 *bello* bei *secundo quoque Punico*, da unmittelbar vorher *primo Punico bello* gesagt war.

5. Der Plural aus dem Singular und umgekehrt: 20, 76 (seridis genera) utraque amara, stomacho utilissima, praecipue quem umor vexet. — discutiuntque et alios (umores) quam stomachi. 35, 114 (pinxit) et Alexandrum ac Philippum cum Minerva, qui sunt in schola in Octaviae porticibus, — in Pompeia (porticu) vero Cadmum et Europen. 36, 123 quod si quis diligentius aestumaverit abundantiam aquarum in publico, balineis — spatiaque venientis (aquae) etc.

6. Gleiche und verschiedene Formen des Verbums, allein oder mit näheren Bestimmungen: 11, 159 (rostra) rapto viventibus adunca, collecto (viventibus) recta. 178 quibus longa crura, iis longa et colla, item aquaticis quamvis brevia crura habentibus, simili modo uncos ungues (habentibus). 17, 263 Cato et medicamenta quaedam componit — ad maiorum arborum radices amphoram — ablaqueatis prius radicibus paulatim adfundi iubens,

in olea hoc amplius (sc. iubens), stramentis ante circumpositis (paulatim adfundi)[56]. 21, 152 trifolium scio credi praevalere contra serpentium et scorpionum ictus — serpentesque numquam in trifolio aspici, praeterea (scio) a celebratis auctoribus contra omnia venena pro antidoto sufficere XXV grana — tradi. 14, 136; 20, 231; 16, 245. 17, 170 (melius) aquoso caelo vel sicco solo malleolos serere autumno —. siccus enim et calidus autumno poscet (malleolos serere). 29, 60 ex ea (mustela) inveterata sale denarii pondus — datur percussis aut ventriculus — in vino potus, ex catulis mustelae etiam efficacius (datur). 35, 180 bituminis probatio ut quam maxime splendeat sitque ponderosum —, leve autem modice (splendent). 16, 245 in abiete, larice stelin dicit Euboea nasci, hyphear Arcadia, viscum autem in quercu —, nec aliis arboribus adgnasci plerique (dicunt). 28, 14 L. Piso primo annalium auctor est Tullum Hostilium — Iovem caelo devocare conatum —, multi vero (auctores sunt) etc. 23, 32 unum de dando eo (vino) volumen Asclepiades condidit ab eo cognominatus, qui vero postea de volumine illo disseruere innumera (volumina condiderunt). 11, 141 (oculi) in homine numerosissimae varietatis (sunt) — prominentes, quos hebetiores putant, conditi, quos clarissime cernere, sicut in colore caprinos (sc. putant clarissime cernere). 8, 9 mirum in plerisque animalium scire quare petantur, sed et per cuncta (mirum est scire) quid caveant: von Salmasius bis Mayhoff vielfach angefochten. 16, 125 in longitudinem excrescunt abies, larix —. ramosarum cerasus etiam in XL cubitorum trabes — reperitur (sc. excrescere). 16, 176 siquidem et genistae et populi — alligant — salici tamen praecipua dos (sc ligare). 21, 153 (Simos dicit) decocti aut contriti sucum infusum corpori easdem uredines facere quas (faciat) si percussis a serpente inponatur. 17, 214 plagas ad septentriones aut ad meridiem spectare vetuimus, melius, si neque in occasus solis (spectant). 2, 102 et hoc caelum appellavere maiores quod alio nomine aera. 28, 80 nec igni quidem (bitumen) vincitur quo cuncta (vincuntur). 23, 33 quota portio tamen mortalium his generibus (vini) posset uti? iam vero nec proceres unquam sinceris (*possunt uti* oder *utuntur*). 22, 107 (laser) ipsa fabricata sit

.

natura, sed huic (melli) gignendo animal (fecit). 13, 121 priorem fructum incipiente pubescere uva peragunt, alterum initio hiemis, quales eos (peragant), non traditur. 14, 68 officinam eius rei fecere tinguentes (vina) fumo, utinamque non et herbis ac medicaminibus noxiis (tinguerent). 5 postquam senatus censu legi coeptus, iudex fieri censu, magistratum ducemque nihil magis exornare quam census (coepit). 28, 59 adsidere gravidis — digitis pectinatim inter se implexis veneficium est, — peius, si circa unum ambove genua (sc. digiti pectinatim inter se implectuntur).

Nur ein Theil des Prädicates ist zu ergänzen: 37, 188 rerum similitudo est in hammochryso velut auro harenis mixto, cenchrite sparsis milii granis, dryite truncis arborum: während zu (in) cenchrite ‚rerum similitudo est' zu denken ist, ist zu (in) dryite nur similitudo est zu ergänzen[57]). 11, 255 solida ungula et bicorne nullum, unicorne asinus tantum Indicus[58]).

7. Ein sinnverwandter Ausdruck: 35, 175 tertio quoque generi unus tantum est usus ad lanas suffiendas, — egula vocatur hoc genus, quartum caute ad ellychnia maxime conficienda (utile). 20, 201 semine quoque eius trito in pastillos e lacte utuntur ad somnum, — cum hoc (rosaceo) et aurium dolori instillatum (utile est, valet). 27, 24 usus eius (alsines) ad collectiones inflammationesque et in eadem omnia quae helxine, sed infirmius (prodest). 28, 76 mulieris quoque salivam ieiunam potentem diiudicant cruentatis oculis et contra epiphoras, — efficacius (proficere), si cibo vinoque se pridie ea abstinuerit. 77. 26, 80 urinam cient anagallides, acori radicis decoctum vel ipsa trita potaque, et omnia vesicae vitia (sanat). 34, 153 (robigo) sistit et feminarum profluvia inposita velleribus, plagis quoque recentibus vino diluta et cum murra subacta, condylomatis ex aceto (prodest). Vgl. Mayhoff Luc. p. 45 und 92. 23, 144 (amygdalae) epinyctidas sanant e vino vetere, ulcera putrescentia, — et furfures ex facie ante fotu praeparata (sc. tollunt). 16, 128 aesculus quantum corpore eminet tantum radice descendit. oleae malisque et cupressis per summa caespitum (meant). 2, 201 nascuntur enim (terrae), nec fluminum tantum invectu, sicut — (congesta maior) pars Aegypti a Nilo

in quam a Pharo insula noctis et diei cursum fuisse Homero credimus, — sicut idem Circeis (sc. dicit fuisse). (Zu *Circeis sc. fuisse* vgl. 31, 17 idem Ecbatanis (esse) traditur).

8. Aus einem negativen Ausdruck der affirmative. (Ueber die Verba dicendi ist der Nachweis bereits § 27 geliefert). 35, 101 quis eum (Protogenem) docuerit non putant constare, quidam (putant) et naves pinxisse usque ad quinquagensimum annum. 29, 20 non deseram Catonem tam ambitiosae artis invidiae a me obiectum —, idque non criminibus artis arreptis: als wenn *defendam* statt *non deseram* gesagt wäre. — Aus *nemo* der positive Begriff 28, 24 in Africa nemo destinat aliquid nisi praefatus Africam, in ceteris vero gentibus deos ante obtestatus ut velint. Vgl. 27, 45 neque aliud praestantius, multoque Italico amarius.

9. Aus einem früheren Satze über Zwischenglieder hinweg: 18, 357 ab his terreni ignes proxime significant. pallidi namque murmurantesque tempestatum nuntii sentiuntur —. si flexuose volitet flamma, ventum: sc. significat statt *venti sc. nuntia sentitur.* 361 praesagiunt et animalia: delphini tranquillo mari lascivientes flatum —. lolligo volitans, conchae adhaerentes — tempestatis signa sunt. ranae quoque ultra solitum vocales — ventum: sc. praesagiunt statt *venti sc. signa sunt.* 20, 15 carnes eius (colocynthidis) — dentium dolores tollunt, sucus vero cum aceto calefactus mobiles sistit. item spinae et lumborum — dolores (sc. tollunt). 20, 180 (heraclium) epinyctidas cum pice sanat, furunculos aperit cum fico tosta, strumas cum oleo — lateris dolores (sc. sanat). 23, 128 grossi caprifici inflationes discutiunt suffitu, resistunt et sanguini taurino poto et psimithio et lacti coagulato potae, item in aqua decoctae atque inlitae parotidas: sc. discutiunt. v. Jan und Detlefsen haben die Worte *resistunt — potae* als Parenthese bezeichnet. Vgl. v. Jan Philologus 12 S. 171. 32, 107 ist über *prosunt per se salsamenta cocta* hinweg zu *cancri fluviatiles triti verendorum pusulas* aus dem Vorhergehenden *discutiunt* zu ergänzen, was die Vulg. vor Sillig im Texte hatte. 16, 70 in primis vero materies honorata buxo est raro crispanti nec nisi radice, de cetero levi, cuius materia est lentitie quadam et du-

ritie ac pallore commendabilis, in ipsa vero arbore topiario
opere: nicht nach dem zunächststehenden *commendabilis* ist
topiario opere construirt, sondern nach *raro crispanti „* am Stamme
selbst aber wird der Buxus gemasert durch die Kunst des
Gärtners". 17, 33 terram amaram probaverim: demonstrant eam
atrae degeneresque herbae. frigidam autem retorride nata —;
rubricam oculis argillamque: nicht aus *demonstrant* sondern aus
probaverim ist das entsprechende Verbum zu *rubricam oculis
argillamque* zu ergänzen. 2, 96 emicant et faces —, qualis
Germanico Caesare gladiatorum spectaculum edente praeter ora
populi meridiano transcucurrit. duo genera earum — alterum
bolidas (vocant), quale Mutinensibus malis visum est. — emicant et trabes —, qualis (sc. visa est) cum Lacedaemonii classe
victi imperium Graeciae amisere. 28, 41 schwankt die Ueberlieferung[59]).

§ 33. Das Zeugma.

Im Verhältniss zu den zahlreichen anderen Ergänzungen
ist diese besondere Art selten: 2, 195 et autumno ac vere
terrae crebrius moventur, sicut fulmina. 7, 145 quos non
honores currusque illa sua violentia fortuna retroegit[60]). 11, 58
duasque acies contrarias duosque imperatores instruunt. 29, 13
mox a saevitia secandi urendique transisse nomen in carni-
ficem et in taedium artem medicosque (sc. venisse). 33, 25 sunt
qui uni tantum minimo (digito) congerant (anulos), alii vero
et huic tantum unum (sc. induunt). 4, 68 et hactenus quidem Cycladas servant, ceteras quae secuntur Sporadas: auch
dies scheint noch ein leichtes Zeugma zu sein, da doch wol
servant nur zum ersten Gliede gehörig passt, zum zweiten
appellant zu denken ist[61]).

§ 34. Unvollständigkeit des Ausdrucks.

Auch ohne dass ein erforderlicher Satztheil unterdrückt
wird, kann weniger gesagt sein als zur Vollständigkeit der
Rede gehört, indem das Fehlende als bekannt vorausgesetzt
wird, oder in dem Ausgedrückten mitangedeutet und gegeben
erscheint.

1) Bei der Ableitung von Namen wird dieser selbst sehr oft nicht angegeben: 35, 157 ab hoc eodem factum Herculem qui hodieque materiae nomen in urbe retinet (fictilis cognominatus). 16, 66 a similitudine caudae pavonum nomen (pavonini) accepit. 14, 144 meruit apud nos cognomen etiam Novellius Torquatus tribus congiis — unde et cognomen (tricongii) illi fuit — epotis uno impetu: vor Gelenius stand *Tricongius* im Texte statt *Torquatus*. 15, 37 qui candidior (color cotonea) nostratia cognominat (sc. candida). 71 (fici) serotinae et a corio appellatae duro (duricoriae). 9, 82 attollit e mari sesquipedanea fere cornua quae ab his nomen traxit (cornutae)[62]. 8, 213; 23, 32; 25, 72; 33, 23; 34, 34; 54; 82; 36, 121; 37, 116. Vgl. Ovid Fast. 4, 474. Verg. Aen. 1, 248.

Weniger wird neben dem Namen die vollständige Ableitung vermisst: 21, 41 raphanitis a similitudine (sc. raphani) 18, 155 Graeci a similitudine pelecinum vocant.

2) Durch das adverbielle *et* oder durch *quoque* wird ein Begriff eingeführt auch ohne dass der entgegenstehende bezeichnet ist. Das findet sich überall (Vgl. Hand, Tursell. II p. 551), doch geht darin Plinius erheblich weiter als andere Schriftsteller. 8, 35 geminum caput amphisbaenae, hoc est et a cauda (Solinus 27, 29) amphisbaena consurgit in caput geminum, quorum alterum loco suo est, alterum in ea parte qua cauda). 167 opera sine dubio generi (asinorum) munifica, arando quoque: „quod enim vulgatissimum esset, opera dossuaria eos maxime censeri, prudens id omisit quasi rem notam". Salmasius Exerc. Plin. p. 240 a E. 19, 133 usus his (betis) et cum lentibus ac faba d. i. *et per se et c. l. a. f.* 185 quae sunt et silvestria eadem sativis sicciora intelleguntur d. i. et hortensia et silvestria. 35, 124 daturus (picturae) et celeritatis famam d. i. neben anderen Vorzügen. 104 ita Protogenes monstravit et fortunam d. i. ausser der Kunst. 16, 203 singulis arboribus cavatis navigant, quarum quaedam et XXX homines ferunt. 9, 74 (anguillae) durant et sine aqua et senis diebus. Aehnlich werden 10, 177 (canes) Laconicae ferunt sexaginta diebus et plurimum tribus dadurch dass *plurimum* zwischen die Elemente der Zahlenzusammensetzung gestellt ist,

die geringeren Zahlen mitangedeutet: 60 oder 61 oder 62, höchstens 63. Vgl. Arist. h. a. 6, 20 ἡμέραι ἑξήκοντα, κἂν ἄρα μιᾷ ἢ δυσίν ἢ τρισί πλείονας ἡμέρας.

Neu ist, dass auch ohne *et, quoque* in der Gegenüberstellung das eine Glied als das Gewöhnliche und Selbstverständliche übergangen und nur die Ausnahme bezeichnet wird. 11, 46 quae enim ratio ut idem coitus inperfectos generet alios? (Die Vulg. hatte nach *coitus* eingeschoben *alios perfectos*). 16, 152 est in fructu differentia albae nigraeque hederae, quoniam aliis tanta amaritudo acini ut aves non attingant: nach Theophr. h. pl. 3, 18, 10 ist die Frucht sowol der alba als der nigra bald süss bald bitter. Das Erstere ist das Gewöhnliche und in dem Gegensatze mitenthalten. Detlefsen hat mit Urlichs Vind. Nr. 279 *aliquis* geschrieben. 7, 49 alia quae iusto partu quinque mensum alterum edidit d. i. welche in einer zeitigen Niederkunft ein zweites Kind von 5 Monaten gebar (neben dem reifen von 9 Monaten)[63]). 13, 31 (de palmis). prima nascitur pomi caro, postea lignum intus —. argumentum, quod parvae sine hoc reperiuntur in eodem palmite d. i. neben den ausgewachsenen Datteln. 19, 118 (beta non) tota eodem anno gignit, sed aliquid sequente, aliquid et tertio. 26, 66 non pariter maturescit, sed pars anno sequente. 29, 60 mustelarum duo genera, alterum silvestre. Vgl. J. Vahlen, Aristotel. Poetik [2] S. 88.

Verschieden hiervon ist die Setzung von *alius, aliquis, alibi* blos im zweiten Gliede und die mangelnde Markirung des ersten Gliedes in der speciellen Ausführung einer Eintheilung: 10, 111 (differentiae volatus avium). expandunt alas pendentesque raro intervallo quatiunt, aliae crebrius[64]). 17, 229 eroduntque (urucae) frondem, aliae florem. 19, 5 praeterque (vela) in proris et alia in puppibus pandi[65]). 17, 82 testas, aliqui lapides rotundos subici malunt[66]). 10, 140 clune, alibi pectore tantum laudatis[67]). 3, 16 incubuere maria tam longo aevo, alibi processere litora. — 12, 107 genera eius duo: thrauston masculi turis similitudine, — alterum pingue et resinosum. 14, 86 tria eorum genera: decima parte aquae addita quam musti expressa sit, — alterum — tertium. 117 Thasos duo genera vini diversa facere proditur, quo somnus concilietur, alterum vero quo fugetur. 19, 136 genera eius facit: extentis foliis, caule magno, alteram crispo folio, — tertiam minutis caulibus⁶ᵇ). 6, 86 ex eo duos amnes erumpere Palaesimundum iuxta oppidum eiusdem nominis —, alterum ad septentriones Indiamque versum, Cydara nomine. 22, 9 quidam imperatores et saepius donati sunt (corona graminea), velut P. Decius Mus tribunus militum ab exercitu, altera ab his qui in praesidio obsessi fuerant: statt *una ab exercitu*. 2, 96; 8, 69; 16, 63; 17, 97; 115; 19, 34; 168; 20, 79; 21, 128; 22, 110; 24, 69; 25, 33; 74; 27, 139 f.; 29, 140.

3) Zeigt sich die in Frage stehende Unvollständigkeit des Ausdrucks in folgenden Einzelheiten: 16, 57 (astula) proxima (sc. terrae) laudatur, altior amaritudinem adfert (vgl. 13, 123; 16, 125). 5, 76 Tyros, quondam insula praealto mari DCC passibus divisa (sc. a terra) nunc vero — continens. Praef. 26 si non esset interceptus (sc. fato, morte). 24, 166 bibere generaturos iubet et a conceptu (sc. mulieres). 28, 135 novae nuptae intrantes (sc. domum) etiamnum sollemne habent postes eo (adipe suillo) attingere. 34, 120 prodest autem et dentium dolori, si contineatur (sc. ore). 160 stagnum inlitum aereis vasis saporem facit gratiorem (sc. cibi). 22, 103 extera corporum indubitatas confessiones habent (sc. utilitatis). 2, 231 iuxta Nonacrim in Arcadia Styx nec odore differens nec colore (sc. a vulgari aqua) — (fons) alius aurei coloris omnes ostendit pisces, nihil extra illam aquam differentes (die Vulgata: *ceteris differentes*). 13, 58 (Cypria ficus) fructus quaternos fundit (sc. anno). 20, 239 sucusque (sinapis) tribus modis exprimitur in fictili (sc. e semine, radice, cauliculo). 8, 188 (aries) melior senecta, mutilus quoque (sc. cornibus) utilior. 200. Hingegen 202 geht *cornua* unmittelbar vorher. 28, 34 sicuti diximus de Pyrrhi regis pollice: ist aus der Erinnerung an 7, 20 durch *in pede* zu ergänzen. (Vgl. 28, 42; 43; 220; 34, 43)⁶⁹). 35, 67 Parrhasius Ephesi natus et ipse multa contulit (sc. ad picturam consummandam).

Ein ganzes Satzglied fehlt der Rede zu ihrer Vollständigkeit: 32, 144 (celebres) medicis fibri, quorum generis lutras nusquam mari accepimus mergi tantum marina dicentes: vor *tantum mar. d* ist zu denken: *quare omittimus*. 36, 10

Sicyonem fames invasit ac sterilitas —. remedium petentibus
Apollo Pythius respondit: si Dipoenus et Scyllis deorum simu-
lacra perfecissent (sc. futurum remedium). Die Vulgata vor
Sillig: *affuturum respondit.* 24, 72 aiunt, si bovis castrati
urinae immisceatur (cinis bryae arboris) vel in potu vel in
cibo, venerem finiri: ,*et sumatur*' ist als selbstverständlich
erübrigt.

§ 35. Haupt- und Nebensätze treten bekanntlich
auch dann zuweilen unmittelbar aneinander, wenn der Nebensatz nicht mit der Handlung des Hauptsatzes, sondern mit
deren Erwähnung in directer Beziehung steht, so dass eben
diese Erwähnung als vermittelnder Zusatz hinzugedacht werden
muss: „so bemerke ich, füge ich hinzu", wenn der Nebensatz
vorangeht, „was ich bemerke, was gut zu wissen ist" wenn
der Nebensatz folgt. Wie anderen Schriftstellern (vgl. C. F.
W. Müller, Jahrb. 83 S. 272 f.) ist diese lose Verbindung auch
dem Plinius geläufig bei Absichtssätzen, weniger bei causalen
und condicionalen Sätzen: 14, 52 ac ne quis victam in hoc
antiquitatem arbitretur, idem Cato denos culleos redire ex iugeribus scripsit. 37, 13 ne quis effetas res dubitet —, in eo
(alveo lusorio) fuit luna aurea pondo XXX. 17, 243 qualibus
ostentis Aristandri apud Graecos volumen scatet, ne in infinitum
abeamus. 28, 182 talorum caprae recentium cinis dentifricio
placet et omnium fere villaticarum qaadrupedum, ne saepius
eadem dicantur. 18, 187; 33ð. 33, 147 nec copia argenti
tantum furit vita, sed valdius paene manipretiis, idque iam
pridem, ut ignoscamus nobis. 29, 5; 34, 93. — 28, 24 et
quoniam scorpio admonuit, in Africa nemo destinat aliquid
nisi praefatus Africam. 17, 5 hae fuere lotae patula ramorum
opacitate lascivae — duraveruntque, quoniam et de longissimo
aevo arborum diximus, ad Neronis principis incendia. 39 quod
si admonendi sumus qualis sit terrae odor ille qui quaeritur,
contingit saepe etiam quiescente ea sub occasum solis. (Vgl.
Cic. ad fam. 1, 7, 6 quod si haec ratio rei gerendae periculosa
tibi esse videbitur, placebat illud, ut etc.)

Neu ist eine ähnliche Kürze beim Ablativus absolutus: 16, 38 quae ferrent in Asia aut oriente praedictis,

picem in Europa sex genera cognatarum arborum ferunt.
S. Anhang 4. (Vollständig 17, 152 et praedictis velut arma-
mentis vinearum restat ipsarum uatura praecipua tradenda cura).
37, 8 forte quadam his exemplis initio voluminis oblatis adversus
istos qui sibi hoc ostentatione adrogant, ut palam sit eos tibi-
cinum gloria tumere, Polycratis gemma quae demonstratur
intacta inlibataque est.

B) Gedrungenheit des Ausdrucks.

§ 36. Ein Gedanke und sein Gegensatz oder zwei
Momente einer Handlung, eines Ereignisses, einer Beschreibung
werden in eins verschmolzen: 33, 12 (Homerus) sortiri quoque
contra provocationem duces non anulis tradit = *sortiri duces
tradit, sed non anulis.* 9, 32 (delphini) includi retibus se
fortissime urguentes gaudent ac, ne id ipsum fugam hostium
stimulet, inter navigia et retia — ita sensim elabuntur ut
exitum non aperiant — *ac elabuntur quidem inter navigia et
retia, sed ne id ipsum f. h. st., ita sensim elabuntur ut e. n. a.*
6, 166 (Ptolemaeus) duxit fossam — usque ad Fontes amaros.
ultra deterruit inundationis metus. 2, 239 excedit profecto
miracula omnia ullum diem fuisse quo non cuncta conflagra-
rent, cum specula quoque concava adversa solis radiis facilius
etiam accendant quam ullus alius ignis = *accendant atque
etiam facilius* (accendant) *quam* etc. 12, 60 quidam et in
insulis melius putant gigni, Iuba in insulis negat nasci =
quidam et in insulis putant gigni atque etiam melius. 2, 137 in
Catilinariis prodigiis — M. Herennius decurio sereno die fulmine
ictus est = *in Catilinariis prodigiis fuit quod Herennius ictus
est.* 236 in montium miraculis ardet Aetna noctibus semper.
36, 29 praesertim cum capitali satisdatione fama iudicet dignos
= *fama tradat dignos iudicatos esse.* 2, 134 ex eodem genere
et in longum veluti fistula nubes aquam trahit = *ex eodem
genere est, cum — trahit.* 8, 26 alii tutiore genere, sed magis
fallaci, ingentes arcus intentos defigunt humi longius = *tutiore
genere capiunt — defigentes.* 36, 110 nec tamen effici potest
ut mores aliquid ipso homine mortalius esse intellegant d. i. *ut
homines moribus ostendant se intellegere* (nach Gesner). 18, 48 et

quoniam praeparatus est ager, nunc indicabitur natura frugum d. i. *quoniam de agro praeparando dictum est.* 8, 12 ille (elephas) qui notabatur inedia mortem ignominiae praetulit. 11, 146 sic magna cogitatio occaecat abducto intus visu. sic in morbo comitiali animo caligante aperti nihil cernunt = *sic fit ut — occaecet* etc. 35, 75 (Eupompi) auctoritas tanta fuit ut diviserit picturam in genera: statt *effecerit ut divideretur* (Urlichs).

§ 37. Das sein eines Gegenstandes oder die Lage eines Ortes und ihre Benennung wird in einem Verbum des nennens zusammengefasst, eine Kürze, die zwar auch bei anderen Schriftstellern vorkommt (s. Madvig, Emend. Livian. [2] p. 462 f.), von der aber keiner so ausgedehnten Gebrauch macht als Plinius, der ihre Härte nicht scheute und durch sie die Einförmigkeit der immer wiederkehrenden gleichen Wendungen minderte: 2, 134 vocatur et columna, cum spissatus umor rigensque ipse se sustinet = *est et nubes quae columna vocatur.* 227 in Casinate fluvius appellatur Scatebra. 8, 77 iuxta hunc (fontem) fera appellatur catoblepas. 4, 47 ubi antea Caela oppidum vocabatur. 4, 31 in eo cursu (Penei amnis) Tempe vocant. 24, 69 Corinthus — bryan vocat eiusque duo genera facit. 4, 27 Locri deinde Epicnemidii cognominantur = *sequuntur deinde Locri qui Epicnemidii vocantur.* So 2, 228; 4, 82; 9, 69; 10, 99; 115[70]); 12, 13; 30, 98; 36, 56[71]).

Härter als gewöhnlich: 16, 244 oleastro quoque deputato quod gignatur vocant phaunos = *est quoque quod oleastro deputato gignitur quod vocant phaunos.* 15, 129 iidem in alio genere bacaliam appellant hanc quae volgatissima est — *in alio genere numerant et bacaliam appellant.* Vgl. 2, 134 in § 36.

Nicht weniger hart in Verbindung mit dem Dativ des localen Standpunktes: 14, 12 rumpotinus vocatur et alio nomine opulus arbor Italiae Padum transgressis. 18, 188 civitas Africae in mediis harenis petentibus Syrtis Leptimque Maguam vocatur Tacape. Vgl. Haase, Vorlesungen über lat. Sprachw. 2 S. 157.

Aehnlich ist auch 6, 34 primum inde noscitur promunturium Celticae Lytharmis. 55 primum eorum noscitur flumen

Psitharas $=$ *primum est flumen quod noscatur* (vgl. 54). 111 ab eo promunturium Themisteas, insula Aphrodisias habitatur $=$ *insula Aphrodisias quae habitatur.*

C) Significanz des Ausdrucks.

§ 38. Jene nachdrückliche Präcision des Ausdrucks, die darin besteht, dass Eigenschaften des Subjects oder Objects, nähere Bestimmungen des Prädicats, wenn sie für die Aussage von entscheidender Bedeutung sind, zum Subject oder Object des Satzes erhoben werden, musste in dem Masse beliebter werden, in welchem die Schärfe des Denkens und der Abstraction zunahm, daher die Vertauschungen von Personen und Sachen mit ihren Beschaffenheiten und Nebenbestimmungen mit der Zeit an Ausdehnung und Kühnheit gewannen. (Vgl. meine Beiträge z. Krit. u. Erkl. d. Tac. III S. 27 f.). Wie sehr sie bei Plinius auch in den trockensten Partien seines Werkes bevorzugt werden und dem Ausdruck Bestimmtheit und Präcision geben, aber auch oft den Eindruck der Klügelei und Geziertheit machen, wird folgende Lese zeigen: 2, 156 ne ferri cruciatus scinderet corpus: statt *ferrum cum cruciatu.* 6, 202 arborum ibi proceritatem ad CXL pedes adolescere: statt *arbores ad proceritatem CXL pedum adolescere.* 7, 5 leonum feritas inter se non dimicat. 121 matris salus donata pietati (filiae) est. 8, 42 ideo multiformes ibi (in Africa) animalium partus varie feminis cuiusque generis mares aut vi aut voluntate miscente: statt *maribus aut vi aut voluntate se miscentibus*[72]). 188 arieti naturale agnos fastidire, senectam ovium consectari. 10, 63 (ciconiae) genetricum senectam invicem educant. 8, 162 (equi) cum bimi in alio subiungantur imperio, non ante quinquennes ibi (in circo) certamen accipit: statt *ad certamen accipiunt.* 208 (sapiunt apri) urina fugam levare: statt *se ad fugam.* 9, 143 huius iecori teneritas nulla praefertur: statt *nihil teneritate.* 171 (C. Hirrii) villam infra quam modicum |XL| piscinae vendiderunt: statt *Hirrius vendidit ob piscinas.* 10, 30 quae duritiam nucis rostro repugnantem volantes in altum in saxa tegulasve iaciant: statt *nucem duritia rostro repugnantem.* 18, 112. 10, 99 (merops) nidificat in specu sex pedum defossa altitudine[73]).

11, 88 constat et septena caudae internodia saeviora esse: statt *caudam* (scorpionum) *septenis internodiis.* 236 primo semper — colostrae fiunt — in pumicis modum coeunte duritia: statt *(colostris) coeuntibus duritia.* 12, 21 nunc eas (arbores) exponemus quas mirata est Alexandri Magni victoria. Vgl. 2, 168 (maiorem partem) orientis victoriae magni Alexandri lustravere. 35, 127 tabulas inde (Sicyone) — Scauri aedilitas Romam transtulit. 15, 94 (castaneam Tereianam) rubens cortex praefert triangulis et popularibus nigris. 16, 115 (cupressus bacarum) ternas gerit magnitudines. 17, 119 corticis scalpro excidi quattuor digitorum longitudinem et trium latitudinem. 184 huic vineae trium pedum altitudo excelsior nutat d. i. *haec vinea tribus pedibus excelsior nutat.* 19, 155 inde vigoris significatio proverbio usurpavit id vocabulum (nasturtium) = homines ad vigoris significationem usurparunt. 20, 186 (anesum) adpetentiam ciborum praestat, quando id quoque inter artificia deliciae fecere, ex quo *labor desiit cibos poscere.* 21, 127 (inlinuntur) folia ulcerum vetustati. 29, 21 neque enim pudor sed aemuli pretia summittunt = *neque pudore sed propter aemulos (medici) pretia summittunt.* 31, 113 proxima aetas medicorum aphronitrum tradidit in Asia colligi. 25, 8 parum est *singulas earum* (herbarum) *aetates* pingi cum quadripertitis varietatibus anni faciem mutent. 31, 121 ut fabae magnitudo devoretur. 32, 23 *auctoritas bacarum* eius (curhalii) — Indorum viris quoque pretiosa est. Vgl. 22, 107 non esset mellis auctoritas in pretio minor quam laseris, ni etc. 36, 25 Scopae laus cum his certat. 37, 118 magnitudinem iaspidis XVI unciarum vidimus. 123 quintum (amethysti genus) ad vicina crystalli descendit albicante purpurae defectu: statt albicans purpurae defectu = *albicans purpura deficiente.* 2, 160; 11, 78; 13, 45; 19, 114; 28, 89; 29, 68; 34, 12; 17; 35, 13; 125; 176; 36, 135.

§ 39. Prägnanter Gebrauch der Substantiva.

Weniger charakteristisch für den Stil sind jene Substantiva, die neben dem Begriff zugleich ein Merkmal desselben bezeichnen, oder Gattungsnamen die als solche vorzugsweise statt der Einzeldinge stehen. Sie sind zum Theil überall gäng und gäbe: *forma* „Wohlgestalt" 10, 51; 21, 159; 35, 86. *nomen* = praeclarum nomen 35, 135; 37, 136. *proventus* „gutes Gedeihen" 11, 18. *longitudo* = iusta longitudo 11, 260. *sidus* „die Sonne" 2, 189, „der Mond" 32, 59. *sidera* „Sonne und Mond" 8, 215. *ortus* „Osten" 4, 30; 42; 25, 50 (18, 323 ab ortu solis). *utraque lingua* = Latein und Griechisch 12, 11 (vgl. Sueton de gram. 1. Hor. carm. 3, 8, 5). *acies* = acies oculorum 35, 97; 8, 107; 203 und öfter wie anderwärts. *currus* = currus triumphalis 5, 36. *tumulus* „Grabhügel", ohne dass durch den Zusammenhang diese Bedeutung klar wäre 21, 67 (pothos candidus) fere nascitur tumulis: nach v. Jans Verbesserung statt *in tumulis*. Auch 19, 58 et quae (olera) minime accenderent desiderium wird von Urlichs, Vind. Nr. 394 so aufgefasst = *desiderium veneris*, wie bei Hor. Epod. 17, 80. — 12, 129 (malobathrum) folio convoluto, colore aridi folii = eines gemeinen Blattes. 31, 60 (calore aquae sulpuratae, aluminatae) paulo diutius quam balineis uti oportet = als ein gewöhnliches Bad.

Mehr kommen solche Substantiva in Betracht, die an sich nur Sachen oder Personen bezeichnen, aber im Zusammenhang der Rede für das was mit ihnen vorgeht oder was sie thun stehen: 12, 112 (balsamum) rastris nitescit properatque nasci „durch behacken". 66 (murra) gaudet rastris atque ablaqueationibus. 34, 47 aeris obliteratio „des Erzgusses". 84 argento melioris „Arbeit in Silber". 36, 20 marmoris gloria „Arbeiten in Marmor". 7, 127 Praxiteles marmore nobilitatus. 33, 12 anulis „durch Siegelung mit dem Ring". 7, 199 bovem et aratrum Buzyges Atheniensis (invenit) „die Verwendung, das Anschirren der Ochsen". 2, 156 ne in profundo quaesita morte sepultura pabulo fieret „indem man zum Frass wird". 37, 169 gemmis humana fata adtribuens „die Bestimmung der menschlichen Schicksale". 8, 131 ursos Numidicos centum et totidem venatores Aethiopas in circo dedisse. 35, 52 triginta paria (gladiatorum) in foro per triduum dedit = *munera, ludos triginta parium dedit.* (Vgl. Nipperdey zu Corn. Nepos, Iphicr. 1, 4). 22, 11 primum pilum capessens „die Führung der ersten Compagnie" (vgl. Suet. Cal. 44 plerisque centurionum — primos pilos ademit).

Ebenso ein paar mal Nomina propria: 33, 15 Gallos cum auro pugnare solitos Torquatus indicio est: statt *pugna Torquati*. 19, 169 fuisse autem (papaver) in honore apud Romanos semper indicio est Tarquinius Superbus. 30, 6 *Proteus* für „die Verwandlungen und Weissagungen des Pr.", *Circe* für „die Zaubereien der C." 15, 76 quod non Trebia aut Trasimenus, non Cannae — perficere potuere. 7, 106 quas Trebia Ticinusve aut Trasimenus civicas dedere? 3, 7 (oppida) Latio antiquitus donata. 4, 117 oppida veteris Latii (wie es scheint, Plinius zuerst, dann auch andere, sein Neffe, Tacitus, Gaius).

Am geläufigsten sind Präpositionalausdrücke, vor allem bei Verweisungen auf früher oder später behandelte Gegenstände: 17, 182 vitis antequam septimum annum a surculo conpleat „vom setzen der Stecklinge an". 35, 198 a sulpure „nach dem schwefeln". 16, 192 classem Duilli imperatoris ab arbore CCXX die navigavisse „nach Fällung der Bäume", wie gleich darauf *a securi*. 34, 146 a ferro sanguis humanus se ulciscitur „nach der Verletzung durch Eisen". 33, 48 a nummo prima origo avaritiae. 34, 71 ne melior in equorum effigie defecisse *in homine* crederetur. 18, 18 post triumphos (vgl. Tac. Ann. 1, 68 post grave vulnus. Hist. 3, 49 post Cremonam). 35, 154 ante hanc aedem „vor der Erbauung und Ausschmückung dieses Tempels". 16, 200 duravitque ad Neronis principis amphitheatrum. 29, 5 plurimumque et ex Chrysippo discipulus eius Erasistratus (mutavit) d. i. *ex Chrysippi placitis*. 13 quod clarissime intellegi potest ex M. Catone. — 6, 34 (Hyperboreos) pluribus in Europa dictos d. i. *in loco qui est de Europa*. 15, 114 in Aegypto diximus. 5, 126 in litore diximus = *in demonstratione litoris*. 35, 163 in natura avium d. 23, 135. 34, 149 in ambitu oceani d. 36, 54. 34, 105 in plumbi effectu dicemus. 33, 105 d. in plumbo. 34, 170. 32, 136 quam (ranam) in oculorum curatione descripsimus — sicut in oculis diximus. 8, 193 dicemus in conchyliis maris aut herbarum natura. 4, 106 quos in insulis diximus Rheni. 6, 119 dicta est et in Zeugmate Apamea d. i. *dicta est et Apamea in mentione Zeug-*

matis. Vgl. Quintil. 9, 3, 45 sicut in geminatione verborum
diximus. Caes. b. g. 6, 38 cuius mentionem superioribus proeliis
fecimus.

§ 40. Abgekürzte und ungenaue Vergleichung
der entsprechenden Theile und Attribute eines Gegenstandes
durch Gegenüberstellung des Theiles mit dem Ganzen.

Sehr häufig bei *similis* ohne jedoch die vollständige oder
die elliptische Vergleichung verdrängt zu haben (s. Mayhoff
Luc. p. 97 n. 59. Nov. Luc. p. 24). 8, 111 simile fibris et
ingenium (vituli marini). 13, 53 semen eius (cedri maioris)
cupresso simile. 12, 129 sapor eius (malobathri) nardo similis
esse debet. 18, 63 quorum (athletarum) capacitas iumentis
similis. 11, 203; 12, 67; 13, 58; 21, 89; 32, 149[74]).

Unentschieden sind: 9, 175 capita eorum esse ranae marinae
similia. 12, 33 lacrima pretiosa murrae simili. 39 (cynas
arbor) folio palmae simili. 19, 77 folia sunt erucae similia.

Ausserdem findet sich die gleiche Abkürzung: 9, 107 origo
atque genitura conchae est haud multum ostrearum conchis
differens. 12, 78 (brati arboris) odorem esse proximum cedro.
21, 29 odor est cinnamomo proximus. 8, 215. 199. 12, 50 (car-
damomi odor) costo vicinus esse debet. 13, 49 nec pauciores
fico traduntur colores (balanorum) = *fici coloribus.* 13, 116
quae (ligna) tamen feliciora sunt Graecia: so Mayhoff nach
Cod. M.[75]). 25, 172 (foliis) ad latitudinem malvae accedentibus.
18, 212 raro ullius sententia cum alio congruente. (Vgl. Hor.
a. p. 199 Sortilegis non discrepuit sententia Delphis). 16, 108
alaternus, cui folia inter ilicem et olivam. 25, 95 unum (genus)
tuberibus radicis rotundis, foliis inter malvam et hederam.
(Vgl. 37, 154 crateritis inter chrysolithum et electrum colorem
habet). 16, 19 folia praeter ilicem gravia. 31, 16 sapore in
aquam transeunte. 2, 52 solem superare magnitudinem terrae.

§ 41. Unvollständige Comparativsätze finden
sich nicht häufig, jedenfalls viel seltener als bei Tacitus:
8, 115 idque mirabilius fatendum est, cum etc. (So überall
regelmässig *idque* ohne *eo,* s. Seyffert-Müller zu Cic. Lael.
p. 14). 16, 231 media pars arborum crispior, et quo propior
radici minoribus — maculis. 17, 142 salix enim fecundior quo

terrae propior. 187 iuga altiora quo laetior ager. 18, 129 semen praestantius quo subtilius. 8, 165 (equorum natura). quo quis acrior in bibendo profundius nares mergit (Mayhoff *eo profundius*). — 19, 113 (ulpicum et alium) grandescunt quo saepius sariuntur: statt *eo magis grandescunt*. — 34, 119 (hoc idem fiat) vehementius si aceto quam vino temperetur: ohne *potius*. — 2, 60 Martis stella ut propior etiam ex quadrato sentit radios (solis): ohne *ita*. 18, 202 inter diligentissimos convenit, ut in alitum quadripedumque genitura, esse quosdam ad conceptum impetus et terrae. 33, 18 schwankt die Leseart.

D) Kürze im Gebrauche der Casus.

§ 42. Die Verbindung von Eigennamen mit anderen Eigennamen im Genetiv ohne Vermittelung der Gattungs- namen wie *filius, uxor, amicus* bleibt bei Plinius in den alle- zeit eingehaltenen Gränzen. S. Grasberger p. 10.

Dagegen hat der Genetiv des Landes bei Namen von Städten, Völkerschaften, Bergen, Flüssen so sehr an Ausdehnung gewonnen, dass er als das Gewöhnliche bezeichnet werden muss. Bei der grossen Menge solcher geographischen Angaben musste die stete Hinzufügung der Gattungsnamen umständlich und lästig erscheinen. Es genügt die Bezeichnung der Stellen: 2, 211; 235; 243; 5, 84; 85; 6, 104; 8, 191; 9, 141; 10, 31; 12, 109; 125; 127; 13, 5; 54; 15, 15; 17; 16, 62; 71; 17, 41; 18, 201; 305; 21, 24; 27, 53; 31, 14; 32, 17; 33, 66; 35, 202; 36, 61; 128; 131; 141; 197; 37, 92. Vgl. die § 2 angeführten Stellen.

§ 43. Des Genetivus und Ablativus qualitatis bedurfte Plinius in seinen Beschreibungen im ausgedehntesten Masse und hat sie für dieselben sehr ergiebig zu machen ge- wusst. Indess weist der Gebrauch nichts eigenthümliches auf insofern sie wie das Adjectivum zu Eigennamen gefügt werden (s. Grasberger p. 29) und mit Verben sich verbinden (der Genetiv: 2, 231; 3, 39; 134; 11, 169; 19, 75; 155; 20, 163; 35, 127; 36, 201; 37, 77. Der Ablativ: 2, 45; 100; 4, 95; 6, 91; 7, 30; 9, 66; 11, 150; 185; 19, 34; 67; 23, 109; 33, 144; 37, 26.

Nur viel häufiger als sonst (s. Draeger, Hist. Synt. [2] I
S. 463 und 542) ist das Subject zu dem die beschreibenden
Genetive und Ablative gehören zu ergänzen: 7, 34 gignuntur
et utriusque sexus, quos Hermaphroditos vocamus. 8, 179
cetero nigri coloris candidive (boves) ad laborem damnantur.
9, 65 lutarium ex iis vilissimi generis (mullum) appellant.
16, 129 invenitur, abietis planta cum transferretur, (radicem)
octo cubitorum in altitudine nec totam refossam. 9, 164 purpurae, murices eiusdemque generis vere pariunt. 11, 153 insectorum omnium et testacei operimenti oculi moventur. 18, 54
sunt et panico genera: mammosa, e pano parvis racemata
paniculis, et cacumine gemino ═ und solche mit doppelter
Spitze. 15, 53 eadem causa in piris taxatur superbiae nomine ═
die welche die Stolze heisst. 22, 110 hoc potu bibendum alsiosis,
item animi humilis et praeparci, quos illi dixere micropsychos.
25, 61 vetant dari senibus, pueris, item mollis ac feminei corporis animive. 3, 151; 17, 74; 165; 25, 36; 36, 54; 37, 149.

Erweitert erscheint die Verbindung des Comparativs
mit einem beschreibenden Genetiv insoferne, als sie
allgemeiner üblich nur ist bei *maior, minor* „älter, jünger", bei
Plinius sich auch bei anderen Comparativen findet, bei *longior,
amplior, altior, excelsior*: 22, 155 minoribus XXX annorum.
36, 7 Hymettias tamen (columnas) nec plures (habuit) sex aut
longiores duodenum pedum. (Vgl. 17, 124 minores pedalibus.
22, 86 cubitali altior. 25, 120; 19, 45). 17, 184 huic vineae
trium pedum altitudo excelsior nutat. 201 nulla fere viginti
pedum altiore arbore. 36, 161 (lapis specularis) numquam
adhuc quinque pedum longitudine amplior d. i. nicht grösser
als 5 Fuss in der Länge.

Insoferne die beschreibenden Genetive und Ablative von
Wörtern gebildet werden, die keine Eigenschaft bezeichnen,
indem als Beschaffenheit aufgefasst wird was Bestand, Besitz,
Wirkung u. dgl. ist, zeigt sich kein anderer als numerischer
Unterschied (vgl. meine Beiträge z. Krit. u. Erkl. d. Tac. IV
S. 39 f.).

Dagegen hat Plinius den Gebrauch des beschreibenden Ablativ mit einem Genetiv als Attribut

stark erweitert, indem er als regierende Substantiva nicht blos
solche setzt, die eine Eigenschaft bezeichnen, sondern jedes
beliebige Concretum. Er sagt nicht blos *ciceris magnitudine*
22, 101, *lentis similitudine* 36, 81, *effigie lupi* 8, 70, *auri fulgore*
10, 3, *marini cancri colore* 37, 187, *duritia marmoris* 36, 163,
capillamenti tenuitate 11, 171, sondern auch ganz gewöhnlich
folio origani 12, 89 d. i. mit dem Blatte des Origanum = mit
Blättern wie das Or. 8, 72 leucrocotam pernicissimam feram
asini feri magnitudine, clunibus cervinis, collo, cauda, pectore
leonis, capite melium. 75 facie et auriculis hominis, oculis
glaucis, colore sanguineo, corpore leonis. 12, 109 arbor ziziphi
foliis, semine coriandri candido, odorato. 128 (folia) platani
divisura. 15, 24 foliis oleastri bacisque. 27, 83 foliis fere
papaveris. 24, 64 colore roris marini et paene folio. 12, 35;
47; 13, 117; 124; 19, 48; 124; 166; 22, 53; 25, 120; 26, 85;
27, 93; 113; 115; 116; 118; 119. (Vgl. Mayhoff, Luc. p. 32 f.)
13, 25 semine uvarum gracilium pallidarumque. 26, 96 radice
fascini. 25, 129 semine vituli narium. Vgl. 22, 60 semen ei
est effigie scorpionis caudae. 27, 125 (semen) est incipientis
olivae.

Der Genetiv findet sich so nur ganz vereinzelt 11, 86
veneni serpentium, ist überhaupt mit einem zweiten Genetiv
als Attribut selten: 37, 145 (aromatitis) lapidosa et murrae
coloris et odoris. 28 nec spumei coloris sed limpidae aquae.
27, 122 seminis nullius usus.

Dieselbe Ausdrucksweise findet auch a u s s e r dem beschreibenden Ablativ und Genetiv Anwendung: 25, 124 (alis-
matis) folia erant plantaginis, nisi angustiora essent. 26, 162
arsenogonon ab ea semine oleae nec alio distat d. i. dadurch
dass es Samen wie die Olive hat. 13, 60 pomum inclusum
amygdalae putamine. 29, 87 (myrmecion) vesparum dolore
torquet. Vgl. 29, 86 dolor a morsu eius qualis a scorpione.
13, 118; 21, 67; 26, 72; 27, 94; 126. Sillig zu 35, 3.

§ 44. B e s c h r e i b e n d e G e n e t i v e u n d A b l a t i v e
mit P r ä p o s i t i o n a l a u s d r ü c k e n u n d R e l a t i v - o d e r
C o n j u n c t i o n a l s ä t z e n als A t t r i b u t e n: 36, 62 mensurae
non ultra bina cubita. 86 lapidis e Paro. 21, 98 folio ad

effigiem ulmi. 25, 95 foliis inter malvam et hederam. 19, 63 crassitudinis quam circumplecti nemo possit. 20, 29 lana coloris quem nativum vocant. 17, 76 crassitudine quae in cupressis. 36, 62 amplitudine qua lances craterasque non excedant. 8, 75 vocis ut si misceatur fistulae et tubae concentus. 25, 87 semine vix ut aspici possit.

§ 45. Partitive Genetive stehen, wie bei Anderen, mit Auslassung des Demonstrativpronomens im Nominativ oder Accusativ unter dem Einflusse des folgenden Relativs: 8, 99 (anguis membranam) exuit a capite primum, — replicans ut extra fiat membranae quod fuerit intus. 11, 202 insatiabilia (sunt) animalium, quibus a ventre protinus recto intestino transeunt cibi.

Neu ist bei Plinius, dass relative Umschreibungen wie *quod tribus digitis capitur* wie substantivische Massangaben stehen: 30, 127 alio modo Africanae (cocleae) binae tritae cum feni Graeci quod tribus digitis capiatur — inlinuntur. 19, 143 sunt qui plantam in transferendo alga subdita pediculo nitrive triti quod tribus digitis capiatur celeriorem ad maturitatem fieri putent. Vgl. hingegen 27, 39 (repperi bibi alcibii) folia quantum manus capiat trita cum vini meri cyathis tribus[76]). Leichter 28, 91 prodest inlitus cinis potusque quantum tribus digitis capiatur. 20, 10 semen quantum tres digiti adprehenderint — tritum potumque.

E) Fülle und Weitschweifigkeit des Ausdrucks.

Es neigte weder überhaupt die sprachliche Darstellung im Zeitalter des Plinius zur Ausführlichkeit und Breite, noch lag dies, wie die vorhergehenden Paragraphe gezeigt haben, im Geiste des Plinius. Allein aus der früheren Zeit hatte die lateinische Sprache besonders im Dienste der Beredsamkeit eine so entschiedene Richtung zu wortreicher Darstellung, dass dieselbe auch in dieser Epoche kein Schriftsteller völlig verlassen hat, selbst Plinius' Nachfahre Tacitus nicht, wenigstens nicht in seinen früheren Werken. Es fehlt daher auch dem Ausdruck des Plinius nicht an Fülle, doch ist der Reichthum seiner Rede zum grössten Theil rhetorische Amplification.

Denn nicht blos die Variation ganzer Gedanken, sondern auch
viele doppelte Bezeichnungen einzelner Begriffe, die man gewöhnlich grammatische Pleonasmen nennt, stammen aus der
Rhetorenschule und von der Rednerbühne. Der Pleonasmen,
die nicht solcher Art sind, sondern als mehr oder weniger
überflüssige Häufung von Wörtern gelten müssen, finden sich
ausser der Cumulirung einiger Partikeln in der N. H. nicht viele.
    Wir beginnen mit den letzteren.
    § 46. Häufung gleichartiger und sinnverwandter Partikeln
und Adverbien.
    Sehr häufig verbindet sich das copulative oder adverbiale
et mit *etiam*. Ersteres kommt auch schon früher vor, wenn
auch selten (Draeger Hist. Synt. ² II S. 32 f.), die Verbindung
mit dem adverbialen *et*, wie es scheint, zuerst bei Plinius.
Doch steht auch letzteres nicht tautologisch, sondern jede Partikel hat ihre gesonderte Beziehung, oder *et* führt den neuen
Begriff ein, *etiam* bezeichnet eine Steigerung: *et — etiam =
und auch:* 6, 182 clara et potens etiam. 7, 50 signa quaedam
naevosque et cicatrices etiam. 10, 133; 11, 123; 165; 261;
13, 35; 24, 62; 35, 35; 36, 44. *et — etiam = auch sogar,*
mit getrennter Beziehung: 10, 207 quid, non et adfectus
indicia sunt etiam in serpentibus? 29, 20 iam vero et adulteria
etiam in principum domibus. 7, 112 perhibuere et Romani
proceres etiam exteris testimonia d. i. nicht blos Einheimi-
schen, die 114 ff. erwähnt werden. (Vgl. Mayhoff Luc. p. 81).
Ohne gesonderte Beziehung: 3, 127 (Histriam) cogno-
minatam a flumine Histro in Hadriam effluente e Danuvio
amne eodemque Histro exadversum Padi fauces — plerique dixere falso, et Nepos etiam Padi accola. 2, 221 (lunae) maxime
spiritum sentire quibus sanguis non sit, sed et sanguinem
hominum etiam cum lumine eius augeri ac minui. 8, 10 sic
et tigris etiam feris ceteris truculenta atque ipsa elephanti
quoque spernens vestigia hominis viso transferre dicitur protinus catulos: zu *tigris* bezogen scheint *etiam* besser als zu
feris zu passen. *et — quoque = und auch:* 7, 4; 12, 118;
17, 8; 21, 40; 97; 27, 91; 35, 161; 196. Das adverbiale *et*
und *quoque* mit getrennter Beziehung: 13, 39 sunt et

caeduae palmarum quoque silvae. 8, 56 sunt vero et fortuitae
eorum (leonum) quoque clementiae exempla (*fortuitae* Mayhoff
statt *fortunae*). **Ohne gesonderte Beziehung:** 8, 7 cetero
et in his quoque (dentibus elephantorum) qua corpus intexit
vilitas ossea. 11, 104 omnia vero morsu erodentes et fores
quoque tectorum. *nec non et:* 3, 144 praeterea multorum
Graeciae oppidorum deficiens memoria nec non et civitatium
validarum. So an weiteren 28 Stellen, die Sillig zu 2, 63
gesammelt hat, von denen nur 12, 76 und 19, 87 als nicht
zutreffend auszuscheiden sind. Und dazu zu fügen sind:
14, 79 nec non apud nos quoque. 19, 144 nec non olus quoque silvestre. (Ueber die nur viel seltenere Vereinigung dieser
Partikeln bei Anderen s. Hand Tursell. IV p. 111 f. Kiaer,
de sermone D. Iunii Iuvenalis p. 72). Die Stellen der ebenfalls sehr häufigen Verbindung von *et — autem* und *et — vero*
hat Sillig gesammelt zu 2, 124 und 20, 30; dazu Grasberger
p. 115 und Mayhoff Luc. p. 80. Im Texte des Letzteren findet
sich auch *etiam — vero* durch geänderte Interpunction 7, 90.
nec — autem 9, 115. — *et praeterea et:* 34, 11 fullo gibber
et praeterea et alio foedus aspectu. *hinc deinde:* 4, 122; 14, 87;
28, 162; 267; 32, 42. So *tum deinde, mox deinde, postea deinde,
deinde postea,* worüber Sillig zu 35, 29. *Sequenti deinde die*
11, 189. *quin immo etiam (quoque):* 37, 17; 18, 341; 15, 124.
nihilo minus tamen: 17, 118. — 10, 172 *quantum* in hac parte
multo nocentiores quam ferae sumus. 35, 28 vel *unam* si
tantum hanc tabulam aliquis aestimet. 37, 129 *totiens* iactati
per alienas pulchritudines nominis (paederotis), *adeo* ut decoris
praerogativa in vocabulo facta sit.

§ 47. Verbindung ungleichartiger aber in ihrer Bedeutung
sich deckender Satztheile: 17, 79 (oportet) praefodere scrobes
ante. 16, 78 quam differentiam antecedat necesse est prior:
prior statt *haec.* 33, 13 nescio an prior usus a feminis coeperit.
17, 173 (viveradix) post annum resecatur —. *alias* festinatione
pariendi gracilis atque eiuncida, *ni cohibeatur* castigatione tali.
26, 157 (batrachium) ardens alias, ut diximus, cruda, sed cocta
commendatur sale etc. 10, 83 (luscinia) victa *morte finit* saepe
vitam. (Mit Bekleidung 6, 66 voluntaria morte. Tac. Ann.

2, 71 pessima morte). 11, 150 ab *iisdem* (oculis) qui altero
lumine orbi nascerentur Coclites vocabantur. 14, 59 (vinum)
ex eodem lacu aliud *praestantius altero germanitatem praecedere.*
44 (Cato) triumpho et censura super cetera *insignis,* magis
tamen etiamnum *claritate* litterarum. 17, 74 tutae sunt per-
petua securitate. 11, 245 animalium quaedam ut manibus
utuntur priorum ministerio pedum (vgl. 11, 254). 26, 20 salu-
berrimis ortam initiis. 34, 21 nisi frivolis coepisset initiis.
37, 3[77]). 13, 123 (ferula) geniculatis nodata scapis. 15, 19
magistratus honoris eius. 2, 58 (stellas) adfixas caelo *solis
fulgore interdiu* non cerni. 15, 42 reliquorum velocitas — trans-
volat. 14, 124 (crapula vino) ubi pigra lenitas torpeat, virus
addi. 14, 19 (vitis) opimo praemio tardos ordines ad lentas
perducit aquilas (erklärt in meinen Emend. II S. 30 A. 1).
Vgl. Iuvenal 8, 248 si lentus pigra muniret castra dolabra.
6, 75 quinque amnium in unum confluente concursu. 11, 143
ferunt Ti. Caesari, nec alii genitorum mortalium, fuisse naturam:
in dem Participium liegt eine Verstärkung des Substantivbegriffs
= „keinem anderen Menschenkinde", wie in der häufig vor-
kommenden Verbindung *homo natus.* S. Haase, Vorles. I S. 196
und Plin. 8, 71. 15, 10 et error hominum falsus existimantium
etc. 21, 29 quidam errore falso baccarida eam appellant:
auch hier liegt im Adjectiv eine Verstärkung des Begriffes
error[78]).

§ 48. Weitschweifige Wendungen: 10, 84 visum iam saepe
(luscinias) iussas canere coepisse —, sicut homines repertos qui
sonum earum — redderent: statt *sicut homines sonum earum
reddidisse*[79]). 11, 174 Metellum pontificem adeo inexplanatae
(linguae) fuisse accipimus, ut multis mensibus tortus credatur,
dum meditatur — dicere. 29, 125 ex Hippocratis putant auctoritate adici quod in argentea pyxide id servari iubent[80]).
33, 23 cuius licentiae origo nomine ipso in Samothrace id
institutum declarat: statt *quae licentia nomine ipso in S. instituta
declaratur.* 15, 14 amurcae mensuram nemo agit, quanto ea
copiosior reperiatur in eodem genere diebus adiectis.

Die breiteren und nachdrücklichen Wendungen mit *de, in,
contra, esse* finden sich häufig: 27, 145 sicut accipimus de taeniis

lumbricisque, inesse Aegypti, Arabiae — populis. 35, 59 in qua (tabula) dubitatur au ascendentem cum clupeo pinxerit an descendentem. 20, 153 (puleium) in nausias cum sale et polenta in frigida aqua pota inhibet d. i. *pota in nausias eas inhibet.* 28, 67 contra scolopendras mirum proditur vertice tacto urinae suae gutta liberari protinus laesos. 2, 154 tanquam nesciamus hanc (terram) esse solam quae nunquam irascatur homini. 25, 14 multum esse quod vero supersit = multum vero super esse[81]). 36, 79 qui de iis scripserint sunt Herodotus etc. 2, 10; 77; 175; 221; 4, 39; 10, 53; 11, 232; 21, 110.

Dagegen wird eine Vermittelung zwischen Substantiv und abhängigem Satze selten gebraucht: 4, 93 non est omittenda multorum opinio, — qui maria omnia interiora illo capite nasci — existimavere. 18, 319 ab eo die oraculum occurrit frigidum picari pro nihilo ducentium. 30, 99 curiosa Apionis interpretatione, qua colligat Solis operum similitudinem huic animali esse[82]).

§ 49. Verbindung synonymer Ausdrücke: 2, 43 sanguinem et caedes (Tac. Hist. 3, 65 und 83). 7, 153 de spatio atque longinquitate vitae hominum. 8, 148 (luporum) greges suum quisque ductorem e canibus et ducem habent. 9, 106 principium columenque omnium rerum pretii margaritae tenent. 107 origo atque genitura conchae. 10, 49 (galli) extis etiam fibrisque — dis grati. 11, 14 ad opera et labores. 59 opere ac labore praestantes. (Vgl. 109 iam in opere qui labor. 14, 137 tantoque opere, tanto labore et impendio. Tac. Hist. 3, 11 und 5, 12 labore et opere. Vergil Aen. 11, 183 opera atque labores). 2, 43 labore curaque: von der Forschung der Astronomen. (Vgl. 10, 46 ad curas laboremque). 11, 103 forte hoc casuque evenit. 15, 23 praeter fortuita casusque. 15, 77 in foro ipso ac comitio (Tac. Agr. 2 in comitio ac foro). 32, 143 in tanto mari oceanoque. 34, 33 temporis et aevi. 25, 4 utilitatium et virtutum. 20, 82 insomnia vigiliasque. 8, 137 novere hoc sciuntque. 37, 8 intacta inlibataque. 19, 8 defossae atque sub terra. 32, 75 muta ac sine voce. 27, 9 procul et e longinquo. 32, 7. 7, 52 velocitas cogitationum animique celeritas. 17, 124 (servandum) ut sectura inferior ponatur semper et quod fuerit

ab radice[83]). 19, 20 surdis ictibus et qui non exaudiantur
17, 118 nitidissima in parte quaque praecipua cernatur hilaritas.
37, 117 brevis nitor nec longe splendescens. 32, 61 gaudent
et peregrinatione transferrique in ignotas terras. 18, 239 unde
autem spiret is ventus quaque parte veniat. 18, 267 non
stat per me quo minus caelum intellegas et scelestia scias.
32, 1 quid enim violentius mari ventisve et turbinibus ac procellis. 2 ruunt venti licet, saeviant procellae. 5, 54 (Nilus)
postea lenis et confractis aquis domitaque violentia — in mare
se evomat. 2, 154 (terra) etiam monimenta ac titulos gerens
nomenque prorogans nostrum et memoriam extendens contra
brevitatem aevi. 36, 118 quid enim miretur quisque in hoc
primum, inventorem an inventum, artificem an auctorem, ausum
aliquem hoc excogitare an suscipere an iubere? — en hic est
ille terrarum victor et totius domitor orbis. 2, 22 toto quippe
mundo et omnibus locis omnibusque horis omnium vocibus
Fortuna sola invocatur ac nominatur, una accusatur, una agitur
rea, una cogitatur, sola laudatur, sola arguitur.

An solchen Amplificationen wie in den zuletzt als Proben
angeführten Stellen ist die Rede des Plinius in den gehobeneren
Partien seines Werkes sehr reich.

§ 50. Hendiadys: 7, 53 (mimus) commendationis regni-
que successionis d. i. *commendationis ad regni successionem* (Urlichs). 145 honores currusque = *honores curruum triumphalium*.
175 (Epimenidem) septem et quinquaginta dormisse annis, rerum
faciem mutationemque mirantem velut postero die experrectum
= *mutatam rerum faciem*. 190 perdit profecto ista dulcedo cre-
dulitasque praecipuum naturae bonum, mortem d. i. die Süssigkeit
des Glaubens an die Erneuerung des Lebens nach dem Tode.
15, 133 (laurus) Romanis praecipue laetitiae victoriarumque
nuntia. Vgl. 134 quotiens laetitiam nova victoria attulit.
28, 148 (Drusus traditur sanguinem) caprinum bibisse, cum
pallore et invidia veneni sibi dati insimulare Q. Caepionem
inimicum vellet: am natürlichsten wird die *invidia* von der
Gehässigkeit verstanden, die dem Caepio aus der Blässe des
Drusus erwachsen sollte, also *pallore et invidia = palloris invidia*.
30, 15 lupanaribus atque prostitutis „für *prostitutis in lupana-*

ribus" (Urlichs). 37, 51 (chryselectrum) collo adalligatum mederi febribus et morbis — *febrium morbis* (vgl. 8, 119 febrium morbos non sentit cervus. 23, 48 ad febrium valetudines). 37, 144 Magi putant nomen (Androdamas) inpositum ab eo quod impetus hominum et iracundias domet (Tac. Germ. 25 impetu et ira)[84]).

§ 51. Wiederholung des Substantivs statt des Pronomens oder der Ergänzung: 2, 124 cum hoc (aequinoctio autumni) corus incipit. corus autumnat. 12, 58 iam quaestus alteram *vindemiam* adfert. prior atque naturalis *vindemia* circa canis ortum. 15, 64 *creta* quidam figlina etiam uvas inlinunt siccataque sole suspendunt, in usu diluentes *cretam*. 16, 127 at *robori* carnosae (radices), *robora* suas in profundum agunt. 18, 245 quaedam vero et suas habent notas, sicuti *ficus*, cum folia pauca in cacumine acetabuli modo germinent, tunc maxime serendas *ficus*. 293 (fumus) e paleis et contra *nebulas* auxiliatur, ubi *nebulae* nocent. 31, 32 quo fit ut *pluviae aquae* sordium plurimum inesse sentiatur citissimeque ideo calefiat *aqua pluvia*. 16, 64 experti prodimus, si fronde ea circumcludatur et igni serpens, in ignes potius quam in fraxinum fugere serpentem. 22, 136 quae (laudes) nunc omnes in alicam transeunt. quanto innocentior alica! 22, 12 durantque et in Italia portenta terrarum praeter illa scilicet quae ipsa excogitavit Italia. 33, 118 Romam deferuntur vena signata ad bina milia fere pondo annua, Romae autem lavantur. 12, 60 (tus) quidam et in insulis melius putant gigni, Iuba in insulis negat nasci: hier mag die Wiederholung den Widerspruch der beiden Meinungen hervorheben sollen, wie z. B. an der einzigen Stelle des Tacitus mit einer ähnlichen Wiederholung Ann. 6, 9 atque ob id convictu principis prohibitus cum senili manu ferrum temptavisset, obligat venas; precatusque per codicillos, inmiti rescripto, venas resolvit: das Schwanken des Alten gemalt wird. 6, 57 Posidonius ab aestivo solis *ortu* ad hibernum *exortum* metatus est eam; adversam Galliam statuens, quam ab *occidente* aestivo ad *occidentem* hibernum metabatur: die Wiederholung wie in den Wendungen *ab hora secunda usque ad quartam horam* Liv. 44, 37, 6 „um den Anfangs- und End-

punkt zu markiren". Vgl. meine Beitr z. Kr. und Erkl. d. Tac.
III S. 37 A. 1 — 7, 164 in regione Italiae octava centenum
annorum censi sunt homines LIIII, centenum denum homines
XIIII, centenum vicenum quinum homines duo, centenum tri-
cenum homines quattuor, — centenum quadragenum homines
tres: hier ist *homines* wiederholt um Misverständnis der Zahlen
zu verhüten.

Nur ganz vereinzelt ist die überflüssige Wiederholung des
Verbums: 30, 38 et grillum i n l i n e r e cum sua terra effossum
suadent, item — talpae cinerem ex melle *inlinere*. 11, 277 ist
wenigstens der Ausdruck gewechselt: *contacta* halitu eius (ursi)
nulla fera attingit, ociusque putrescunt *adflata*. Vgl. meine
Emend. II S. 17. 33, 18 etenim *adiectum* hoc quoque: sed et
phaleras positas, propt-erque nomen equitum *adiectum* est: nicht
die Wiederholung, sondern die Beibehaltung desselben Verbums
ist beachtenswerth, aber wol beabsichtigt, um der Bemerkung
eine schärfere Spitze zu geben. Ebenso 11, 11 (apes) rem
publicam habent, — et, quod maxime mirum sit, mores habent.
Statt einer adversativen Verbindung dient die Wiederholung
11, 84 iidem (aranei) sereno non texunt, nubilo texunt. 191 (fel)
delphini non habent. murium aliqui habent: statt aliqui *tantum*.
21, 91 (spinam) quaedam in folio non habent et in caule habent
d. i. und dafür.

§ 52. Die Anaphora.

1. Der Partikeln: 16, 233 *sic* lectis pretia quaeruntur, sic
terebinthum vinci iubent, sic citrum pretiosius fieri, sic acer
decipi. 11, 146. 2, 207 metallorum opulentia *tam* varia, *tam*
dives, tam fecunda, tot saeculis suboriens. 3, 41 tam fünfmal,
dann tot — tanta — tam — tam — tot — tot — tot. 2, 102 hinc
nubila —, hinc grandines —, hinc plurima mortalium mala.
11, 271. 7, 125 (Alexander) edixit ne quis ipsum alius *quam*
Apelles pingeret, quam Pyrgoteles scalperet, quam Lysippus ex
aere duceret. 33, 3 quam innocens, quam beata! 35, 51 *iam*
Midas et Croesus infinitum possederant, iam Cyrus etc. 9, 5 *tunc*
illic ruunt turbines, tunc imbres, tunc — procellae. 14, 141;
16, 95. 7, 4 *quando* homini incessus! quando vox! quando

firmum cibis os! 2, 45 ideo zwei mal. 7, 4 hominem nihil scire nisi doctrina, *non* fari, non ingredi, non vesci. So *non* zwei mal 16, 3; drei mal 2, 21; 9, 5; 13, 134; 15, 76; 30, 15; vier mal 10, 51. 7, 170 quadrini circuitus febrem *numquam* bruma, numquam hibernis mensibus incipere. 15, 108 mirum tria naturae praecipua elementa *sine* sapore esse, sine odore, sine suco. 17, 19 *ad* soli naturam, ad loci ingenium, ad caeli cuiusque mores dirigenda sollertia est. 17, 121 quaedam omni genere inseruntur, *ut* ficus, ut punicae. 4 Crassus, *ut* praesens ingenio semper, ut faceto lepore sollers, — respondit. 10, 140 postea culinarum artes, *ut* clunes spectentur, ut dividantur in tergora, ut a pede uno dilatatae repositoria occupent. 17, 108. 17, 104 reliqua observatio, *ne* fissura in nodo fiat —, ut in parte nitidissima, ne longior multo tribus digitis, ne obliqua, ne tralucens. So *ne* zwei mal 17, 107; vier mal 22, 17; fünf mal 2, 156. 21, 75 (aegolethri floris) venenati signa sunt *quod* omnino non densatur, quod color magis rutilus est, odor alienus sternumenta protinus movens, quod ponderosius innoxio. 22, 136 Hippocrates tamen (alicam) sorbitionis gratia laudavit, *quoniam* lubrica ex facili hauriretur, quoniam sitim arceret, quoniam in alvo non intumesceret, quoniam facile redderetur. 22, 95 *si* serpentis caverna iuxta fuerit, si patescentem (boletum) primo adhalaverit. 28, 8 *sicubi* lactis puerperarum usus mederi poterit, sicubi saliva. 16, 173 *licet* populi vitibus placeant —, licet alni saepibus muniant. 14, 5 *postquam* senator censu legi coeptus —, postquam coepere orbitas in auctoritate summa et potentia esse. 16, 8.

2. Der Pronomina: *his* zwei mal 2, 113. *hanc* drei mal 30, 9. *hoc* drei mal 18, 318. *haec* fünf mal 4, 39. *haec* dann zwei mal *hac* 2, 18. *huius* dann zwei mal *hic* 35, 59. *horum* dann drei mal *his* 10, 49. *hunc* — *hunc* dann fünf mal *hic* 2, 13. *haec* — *haec* dann fünf mal *hic* 2, 174. *hae* — *haec* 8, 143. huc — hic 11, 138. haec — ad haec — haec 11, 250. hic — hic — hoc 27, 8. his — his — haec — his 6, 66. hanc — huc — hic — hoc — hic 11, 135. *illa* drei mal 33, 3; vier mal 17, 37. illum — illi 8, 148. *nos* zwei mal 18, 3. *tu* vier mal 7, 43 f. *talis* drei mal 34, 39 f. *tot* zwei mal 2, 238;

9, 102; 22, 95; drei mal 9, 104. *uni* sieben mal 7, 5. *soli*
drei mal 8, 146. *una* und *sola* wechselnd sechs mal 2, 22.
nulli vier mal 7, 5. *nulla* dann zweimal *nullis* 16, 124. *nemo*
zwei mal Praef. 14; 12, 59. *alia* zwei mal 34, 22. *alterna —
alternis* 17, 200. *quae* zwei mal 7, 45; 18, 3. qui — qui —
quorum 18, 39. quae — quae dann viermal quos 2, 155. quae —
quanta — quam 11, 2. sua cuique zwei mal 23, 40. Vgl. Mayhoff Luc. p. 44 n. 28, doch sind mehrere der dort angeführten
Stellen nicht zutreffend.

3. Der Nomina: 2, 201 *mare* fuit supra Memphim —, mare
circa Ilium. 8, 143 *canes* defendere — domus. canis — cibum
capere noluit. 11, 146 animo autem videmus, animo cernimus.
12, 5 *arbore* sulcamus maria —, arbore exaedificamus tecta.
16, 95 *flos* est pleni veris indicium —, flos gaudium arborum.
159 *calamis* — bella conficiunt, *calamis* spicula addunt — et
mortem adcelerant pinna addita *calamis*. 21, 145 *polio* —
perungui iubent dignationis gloriaeque avidos, polium tractari,
polium contra venena haberi. 30, 69 sedis vitiis efficacissima
sunt oesypum — *adeps* cycni, adeps bovae. 36, 200 *igni* lapides in aes solvuntur, igni ferrum — domatur, igni aurum
perficitur, igni — caementa — ligantur. 2, 102 *infinitum* ex
superiore natura aeris, infinitum et terreni halitus miscens.
8, 111 *similis* et vitulo marino victus —, simile fibris et ingenium. 18, 332 *omnes* per eundem currant umbilicum, omnes
inter se pares sint, omnium intervalla paria. 20, 50 alio *magna*
vis, magnae utilitates. 18, 264. 2, 14 (deus) totus est sensus,
totus visus, totus auditus, totus animae, totus animi, totus sui.
29, 19 alienis pedibus ambulamus, alienis oculis agnoscimus,
aliena memoria salutamus, aliena et vivimus opera. — 18, 174
(proscindi arva oportet) *maturius* sicca regione quam umida,
maturius densa terra quam soluta. 19, 106 *separatim* semen
cepae causa seritur, separatim cepae seminis. 9, 173 (distinctis
generibus coclearum), separatim ut essent albae —, separatim
ut Illyricae.

4. Der Verba: 2, 239 *addantur* his sidera innumera
ingensque sol, addantur humani ignes. 8, 32 elephantos *fert*
Africa —, ferunt Aethiopes. 91 (animalia) *norunt* sua tela,

horunt occasiones. 214 *sunt* caprae, sunt rupicaprae, sunt ibices. 37, 80 est in his (opalis) carbunculi tenuior ignis, est amethysti fulgens purpura, est smaragdi virens mare. 9, 184 (concharum e genere dactylis natura est) *lucere* in ore mandentium, lucere in manibus. 11, 55 (aliquando et laetum omen esse examinum). *sedere* in ore infantis tum etiam Platonis — sedere in castris Drusi imperatoris. 16, 107 (pinus) *habet* fructum maturescentem, habet proximo anno ad maturitatem venturum. 18, 264 in hoc usque a bruma *crescunt* dies, creverunt sata. 266 (sol folia) *vertit* oleae —, vertit tiliae —, vertit populi albae.

Die Sammlung zeigt, dass Plinius die anaphorische Wiederholung, mitunter in einem Mittelgliede unterbrochen, mit Vorliebe angewandt hat, und zwar nicht blos in oratorisch bewegter Rede, sondern auch in der einfachen Beschreibung.

V. Rhetorisches und poetisches Colorit.

In ersterer Hinsicht ist in den vorausgehenden Paragraphen schon Manches zur Erörterung gekommen, doch muss hier Einzelnes noch besonders behandelt werden.

§ 53. Gedanken- und Wortspiele.

Beide waren allezeit im Geschmacke der Römer. Aber in ihrer Anwendung fehlt den Jüngeren das richtige Mass und der gesunde Sinn der Aelteren. Sie spitzen die Gegensätze schärfer zu, prunken allzu absichtlich mit Geist und Witz, werden leicht frostig durch gesuchte Zusammenstellung der gleichen oder ähnlich klingender Wörter. Es wird sich leicht zeigen, dass hierin Plinius den Geschmack seiner Zeit theilt, weit mehr als Tacitus (vgl. meine „Beiträge" II S. 29 f.) 2, 156 quin et venena nostri miseritam (naturam) instituisse credi potest, — ne laquei torqueret poena praepostera incluso spiritu cui quaereretur exitus: der Tod durch den Strick wird dem durch Gift nachgesetzt nicht blos weil er qualvoller, sondern auch weil die Todesart einen Widerspruch in sich schliesst, indem sie dem Leben den Ausgang versperrt, während sie ihm einen Ausgang sucht. 14, 141 (ebrii) alii testamenta sua nuncupant, alii mortifera elocuntur redituraque per iugulum voces non continent: „die ihnen in die Kehle zurückkehren und sie erwürgen können". Also die Tod bringenden Worte auch mit der Vollstreckung betraut! 22, 12 (Sulla) addat etiamnum huic gloriae superbum cognomen Felicem, ipse tamen obsessis in toto orbe proscriptis hac corona Sertorio cessit: die von Sulla Geächteten als Belagerte und Sertorius, zu dem sie sich flüchteten, als ihr Befreier und darum der corona graminea würdig,

8*

die Sulla erhalten aber verwirkt hatte! 36, 119 ecce populus
Romanus universus veluti duobus navigiis inpositus binis cardinibus sustinetur et se ipsum depugnantem spectat periturus
momento aliquo luxatis machinis: das Volk ist gekommen die
Kämpfe der Gladiatoren zu schauen, da es aber auf zerbrech-
lichem Gerüste Platz nimmt, ist sein Leben nicht weniger
gefährdet als das der Kämpfer, schaut also, wie Plinius das
zuspitzt, seinem eigenen Fechterspiel zu[85]). 3, 5 oceanus —
avido meatu terras quaecunque venientem expavere demergens
resistentes quoque flexuoso litorum aufractu lambit. 10, 83
(lusciniae) certant inter se —. victa morte finit saepe vitam
spiritu prius deficiente quam cantu: für das einfachere: *cantu
non prius deficiente quam spiritu* (vgl. Tac. Ann. 2, 71 spiritum
ante quam ultionem amissuros). 11, 76 prima eas (telas bom-
bycum) redordiri rursusque texere invenit — Pamphile — non
fraudanda gloria excogitatae rationis *ut denudet feminas vestis*.
138 (de superciliis). superbia in corde nascitur, huc subit, hic
pendet. nihil altius simul abruptiusque invenit in corpore ubi
solitaria esset. 3, 9 Baetis in Tarraconensis provinciae — Tu-
giensi exoriens saltu — Ilorci *refugit Scipionis rogum*. 9, 138
sic gignitur laudatus ille pallor saturitate fraudata: „als wenn
in der Verdünnung ein Unrecht gegen den Purpur läge"
(Urlichs). 18, 252 videsne ut fulgor igni similis alarum con-
pressu subtegatur secumque lucem habeat et nocte? Von den
Glühwürmchen ist das gesagt! Vgl. 11, 98; 18, 250. 33, 1
persequimur omnes eius (terrae) fibras vivimusque super exca-
vatam, mirantes dehiscere aliquando aut intremescere illam, ceu
vero non hoc et indignatione sacrae parentis exprimi possit
(s. Anhang 9). 12, 82 felix appellatur Arabia, falsi et ingrati
cognominis, quae hoc acceptum superis ferat, cum plus ex eo
inferis debeat: die Oberen spenden die Gabe, die Unteren
machen den Preis, da sie ihnen zu Ehren verbraucht wird.
22, 92 (boletos) inmenso exemplo in crimen adductos, veneno
Tiberio Claudio principi per hanc occasionem ab coniuge
Agrippina dato, quo facto *illa terris venenum alterum sibique
ante omnes Neronem suum dedit*. 16, 8 autea rostra navium
tribunali praefixa fori decus erant, — postquam vero tribuniciis

seditionibus calcari ac pollui coepere — et sacrosancti omnia
profana facere, tum a pedibus eorum subiere in capita civium
rostra: „*sacrosancti* für *tribuni* in bitterer Antithese zu *profana*" (Urlichs), und dann die Schlussworte von den coronae
rostratae, die bis dahin nur die Rednerbühne am Forum ge-
schmückt hatten und nun auch einzelnen Männern verliehen
wurden. 36, 120 (nec fuit Curio) opibus insignis, ut qui nihil
in censu habuerit praeter discordiam principum. 9, 67 nullus
prope iam mortalis aestimatur pluris quam qui peritissime cen-
sum domini mergit: nämlich als der Koch. 35, 3 iam coepimus
et lapide pingere d. i. Steine so zu fügen, dass sie eine Figur,
ein Bild geben (vgl. Friedländer, Darstellungen aus der Sitten-
geschichte Roms III S. 65). 35, 103 (Protogenes) spongeam
inpegit inviso loco tabulae, et illa reposuit ablatos colores —
fecitque in pictura fortuna naturam. 29, 26 illa perdidere
imperii mores, illa quae sani patimur, luctatus, — balineae
ardentes quibus persuasere in corporibus cibos coqui: „man
badete heiss des Verdauens wegen, so heiss, dass die Speisen
im Leibe gekocht wurden" (Urlichs). Ueber 28, 8 s. Anhang 86.
— 33, 9 manus et prorsus sinistrae maximam auctoritatem
conciliavere auro: „in verbo ludit ut et infelicis id auspicii
fuisse admoneat" (Harduin). 36, 117´operae pretium est scire
quid invenerit (Curio) et gaudere moribus nostris ac verso
modo nos vocare maiores: „ein Wortspiel, indem *maiores* die
Vorfahren und hier *die sittlich Grösseren* bedeutet" (Urlichs).
2, 25 solum ut — certum sit nihil esse certi. 43 qui labore
curaque lucem nobis aperuere in hac luce. 22 adeoque obnoxiae
sumus sortis, ut sors ipsa pro deo sit. 125 piratae primum
coegere mortis periculo in mortem ruere et hiberna experiri
maria. 154 (terra) nullo magis sacra merito quam quo nos
quoque sacros facit: „zielt auf die Gräber der Verstorbenen,
worauf insgemein stand D. M. S." (Gesner). 3, 17 cum orbem
terrarum urbi spectandum propositurus esset (Agrippa). 7, 112
(Cn. Pompeius) — fasces litterarum ianuae submisit is cui se
oriens occidensque submiserat. 152 Euthymus pycta, semper
Olympiae victor et semel victus: „immer Sieger und doch einmal
besiegt", besiegt nämlich in einem vom Gegner ordnungs-

widrig eingegangenen Kampfe. 8, 131 nec alteri animalium in maleficio *stultitia sollertior*. 9, 2 perplexis et — nunc *flatu* nunc *fluctu* convolutis seminibus atque principiis. 67 *coquos* emi singulos pluris quam *equos* quiritabant. Vgl. Gellius 11, 2, 5 aus Catos carmen de moribus: equos carius quam coquos emebant. 9, 105 parum est, nisi qui vescimur periculis etiam vestiamur: „*periculis*", nämlich der Fischer und der Taucher. 10, 141 coepimus *carcere* animalia *coercere* quibus rerum natura caelum adsignaverit (sc. avibus). 11, 8 nobis propositum est naturae rerum manifestas *indicare*, non causas *indagare* dubias. Vgl. oben § 8, 6. 21, 182 (ut radice halicacabi) propius admota *soporetur* illa *sopore* enecans vis (aspidum). 24, 5 magnitudine populi R. periit ritus, *vincendoque victi* sumus. paremus externis, et una artium *imperatoribus* quoque *imperaverunt*. 10, 49 hi (galli) maxime terrarum *imperio imperant*. 27, 2 *deorum fuisse* eam (inventionem) apparet *aut certe divinam*, etiam cum homo inveniret. 31 (herba) anonymos *non inveniendo* nomen *invenit*. 34, 34 Metrodorus Scepsius cui *cognomen* a Romani *nominis* odio inditum est. 2, 15 itaque *nomina* alia aliis gentibus et *numina* in eisdem innumerabilia invenimus. 35, 19 *clarioremque* artem eam (picturam) Romae fecit (Pacuvius) *gloria* scaenae. 7, 137 unus hominum ad hoc aevi *Felicis* sibi cognomen adseruit L. Sulla, civili nempe sanguine ac patriae oppugnatione adoptatum. — o prava interpretatio et futuro tempore *infelix*![87]) 10, 52 Messalinus Cotta — *palmas* pedum ex his (anscribus) torrere — reperit. tribuetur enim a me culinis cuiusque *palma* cum fide. 18, 336 qui mares concipi voles, in hunc (aquilonem) pascito, ut sic *ineuntem ineat* (vgl. 8, 188 aquilonis flatu mares concipi dicunt). 33, 25 sunt qui uni tantum minimo (digito) congerant (anulos), alii vero et huic tantum unum quo *signantem signent*. 6, 75 incolae alio *latere*, *late* auri et argenti metalla fodiunt. 7, 158 a *Magno* Pompeio *magni* theatri dedicatione — reducta.

§ 54. In seiner sentimentalen Betrachtungsweise der Natur und seiner pessimistischen Grundstimmung findet Plinius leicht und oft Anregung seiner Bewunderung oder seinem Unwillen Ausdruck zu geben über die beschriebenen Gegenstände und die berichteten Thatsachen. Sei's nun, dass dies im Vorübergehen geschieht oder in eingehenden Betrachtungen, sein lebendiges Interesse steigert sich leicht zum Affect und seine Rede bewegt sich unruhig in Fragen, Ausrufungen, Versicherungen, Apostrophen. Zusammengenommen mit den Parenthesen und Appositionen, über die § 13, 3 und 4 gehandelt worden, ist nichts charakteristischer für die Darstellung des Plinius.

Neben den in Participialconstructionen angeschobenen Fragen und Ausrufungen, welche Grasberger p. 45 und 82 und E. Opitz, Quaest. Plin. p. 13 sq. verzeichnet haben, hebe ich aus der weiteren Masse folgende Stellen heraus: Praef. 5 f.; 2, 155; 157—159; 3, 40 ff.; 7, 4; 131 f.; 137 f.; 189 f.; 9, 104 f. 190; 11, 2 ff.; 81 ff.; 14, 149; 16, 14; 18, 251 ff.; 266 f.; 336; 19, 54; 21, 78; 23, 2; 28, 4—7; 32, 3; 33, 4; 6; 26; 50; 137; 36, 5 f.; 118 ff.; 126; 37, 15; 41; 60. Vgl. Sillig zu 33, 25.

Die Versicherungen selten in der nachdrücklichsten Form mit Epanalepse (2, 4 furor est, profecto furor), am häufigsten mit der Formel ita est, ita est profecto: 2, 156; 16, 4; 17, 38; 23, 5; 29, 27; 35, 5. Vgl. Cic. p. Rosc. Amer. 24, 66. Sall. Iug. 85, 22.

§ 55. Die Metapher. Selbstverständlich können wir nur eine Auswahl treffen und eine solche genügt ja auch um die Originalität und den Geschmack des Plinius zu beurtheilen. Was seine Metaphern im Allgemeinen auszeichnet und auch die kühneren und weniger anschaulichen noch immer ansprechend macht ist, dass überall die Einheit des Bildes gewahrt oder doch nicht durch völlig Fremdartiges gestört wird.

1. Verba der Bewegung: 2, 23 sedere coepit sententia haec, pariterque et eruditum vulgus et rude in eam cursu vadit. 14, 87 altius cura serpit. 36, 5 inrepunt vitia. 26, 3 lues inrepsit. 9 inrepsit id malum. 35, 8 adoptione testamentaria — inrepentes Scipionum nomini. 13, 82 glutino percurritur (charta) „wird überstrichen". 19, 160 grato menta mensas odore percurrit. 11, 270 currit (vox) recto vel conchato parietum spatio. 35, 53 nunc celebres in ea arte quam maxima

brevitate percurram. 6, 33 nunc — Ripaeos montes trans-
cendat animus dextraque litore oceani incedat. 79 ad Tapro-
banen insulam festinante animo. 88 perducta mens illuc.
36, 116 aufert animum et ab destinato itinere degredi cogit
contemplatio. Praef. 14 non trita auctoribus via nec qua pere-
grinari animus expetat. 8, 44 (legentes) in universis rerum naturae
operibus — cura nostra breviter peregrinantes[88]). 10, 139 quod
deinde caput (sc. ne quid volucre poneretur etc.) translatum per
omnes leges ambulavit. 25, 16 haec erat antiqua medicina
quae tota migrabat in Graeciae linguas. 30, 13 in arte oceanum
quoque transgressa et ad naturae inane pervecta. 13, 75 ita
descendit (charta) hieratica in tertium nomen „sank zum dritten
Range herab“. 35, 50 et purpuris in parietes migrantibus:
d. i. da Purpur zur Wandmalerei verwendet wurde. 28, 2
potiusque curae rerum quam copiae institimus. 7, 177. 29, 1
natura remediorum atque multitudo instantium ac praeteritorum:
d. i. die eben im Schwange sind und die ausser Brauch gekommen. 21, 36 quidquid ad meridianas horas dies vergit.
7, 73. 33, 149 inmenso et Achaicae victoriae momento ad
inpellendos mores. 36, 113 (M. Scauri) nescio an aedilitas
maxime prostraverit mores. 35, 162 inclinatis moribus. 37, 12[89]).
23, 82 inclinato morbo. Vgl. Cic. de or. 2, 79, 324 (oportebit)
tantum impelli primo iudicem leviter, ut iam inclinato reliqua
incumbat oratio.

Speciell in geographischen Bezeichnungen, wobei die Verba
vielfach vertauscht werden: 5, 51 (Nilus) per deserta et ardentia
et inmenso longitudinis spatio ambulans. 90 (Euphrates) in
Mesopotamiam vadit — mediamque (Babylonem) permeans
etc.[90]). 5, 70 supra Idumaeam et Samariam Iudaea longe
lateque funditur „dehnt sich aus“. Vgl. 18, 130; 9, 102. 5, 67
circumfundi Syria Phoenicen volunt. 94 (gens Isaurica) decurrit
ad mare Anemuri e regione „zieht sich“. 6, 60 a quibus
(montibus) tota decurrit in planitiem „dacht sich ab“. Vgl.
16, 74 descendunt et in plana cornus, corylus etc. 6, 24 (Cappa-
docum gens) longissime — introrsus recedens minorem Arme-
niam — transit — plurimis superfusa populis, magnoque impetu
scandens ad ortum solis et Tauri iuga transit Lycaoniam —

vadit super Antiochiae tractum, et usque ad Carysticam eius
regionem — contendit. 116 inter Parthos et Arianos excurrunt
Paraetaceni. 138 a quo Arabia — excurrit. 131 ad eam pervenit Zagrus mons ex Armenia inter Medos Adiabenosque veniens. 4, 44 mons Haemus vasto iugo procumbens in Pontum.
5, 66 (Syria) qua recedit intus Damascena (vocabatur) —, quaque transit Taurum Sophene (vgl. Curtius 4, 9, 10). 97 (Taurus
mons ubi primum ab Indico mari exsurgit, laevo meridianus
et ad occasum tendens mediamque distrahens Asiam, nisi op-
primenti terras occurrerent maria. resilit ergo ad septentriones
etc. 3, 6. Wir fügen gleich hier aus dem Gebiete der Geographie noch einige andere Verba an: 5, 48 Aegyptus, introrsus
ad meridiem recedens, donec a tergo praetendantur Aethiopes.
3, 60 hinc Setini et Caecubi protenduntur agri. 6, 9 Cappadociae pars praetenta Armeniae maiori. 5, 77 mons adversus
Antilibanus obtenditur. 6, 112 qui (montes) omnes eas gentes
praetexuut.

2. Erzeugen, wachsen, altern, sterben: Praef. 1
libros N. H. — natos apud me proxima fetura. 5, 76 (Tyros)
olim partu clara urbibus genitis Lepti etc. 3, 131 lacus incluti
sunt amnesque eorum partus aut alumni. 14, 55 natali urbis.
17, 73 (formicarum) cibo absumi *natalem* tantarum arborum
„der Same, der Keim“. 20, 57 (alium) sitim gignit. 21, 77;
132. 2, 155 (terra) semper homini parturit. 16, 101. Praef. 28
(audio) Epicureos quoque *parturire* adversus libellos quos de
grammatica edidi „mit Gegenschriften sich tragen“. 2, 162 alio
miraculo exoriente. 27, 89 crescente aestate „mit vorrückendem
Sommer“. 2, 151 die decrescente — rursus crescente. 18, 220
incrementa lucis. 8, 17 ut contemptus eorum incresceret. 35, 22.
2, 13 annum semper renascentem. 17, 95. 33, 39 in tantum
adolevit haec luxuria. 2, 42 (luna) crescens semper aut senc-
scens. Vgl. Urlichs, Chrestom. z. St. 2, 118 mores hominum
senuere. Als Metapher gilt uns auch senescere von Steinen,
wie 36, 162 (lapis specularis) nec *senescit*, si modo iniuria absit
„leidet nicht durch die Zeit“. (Lucret. 1, 325). 37, 70 quidam
ex his (smaragdis) senescunt, paulatim viriditate evanida. 9, 115.
31, 126 ulcera senilia „χρόνια ἕλκη“ (Dioskorides 5, 137). 23, 64

(faex vini) celerrime *exanimatur* loco non incluso condita „verliert ihre Kraft". Vgl. 32, 28 volvarum exanimationes. 13, 20 unguenta ilico exspirant ac suis moriuntur horis. 28 78. 3, 70 sunt morientes Casilini reliquiae. 14, 141 mors memoriae. 18, 38 internecio agrorum „Verkümmerung". Urlichs, Chrestom. z. St. 35, 98 emortuo lacte „nachdem die Milch in der Brust versiegt ist". 34, 2 longo iam tempore effeta tellure. 17, 15. 18, 27 locis effetis. 37, 13 effetas res. 202 (Italia) et nunc intra se gravida.

3. Vom Kriege entlehnte Metaphern: 23, 39 minus infestat nervos (vinum) quod vetustate dulcescit „greift an". 15, 92 (proxima corpori membrana) in nucibus saporem — infestat „verdirbt". 23, 11 et caput — infestant. 27, 16 und öfter. 15, 127 laurus ante limina excubat. 16, 173 licet alni — in tutela ruris excubent. 35, 118 omnium eorum ars urbibus excubabat „sorgte für Ausschmückung der Städte". 35, 50 quoniam rerum, non animi pretiis excubatur „weil man auf den materiellen, nicht auf den geistigen Werth bedacht ist. 9, 30 in auxilium advolant (delphini). 9, 25. 20, 50 aconitum debellat, item hyoscyamum, canum morsus „wirkt entgegen". 22, 99 debellat eos (fungos) et aceti natura. 26, 3 ni usque in ossa exustum esset corpus, rebellante taedio (lichenum) „widerstrebt, zeigt sich wieder". 13, 81 rebellat saepe umor (in charta). 8, 100 occupat illico fauces angor „befällt". 35, 52 publicas porticus occupavit pictura „bedeckte". 10, 94 eaque militia illis (hirundinibus) cum anno redit semper. 23, 75 (amurca) causarios dentes extrahit. 25, 61 causariis latere, faucibus. 9, 104 populatio morum. 23, 41 vigorem animi ad procinctum tendentibus „zu einem ernstlichen Geschäfte" (Urlichs).

4. Publicistische und geschäftliche Ausdrücke: Praef. 4 ingenii fascibus: vom Kaiser Vespasian gesagt. 29, 11 imperatorem vitae necisque fieri: von griechischen Aerzten 5, 59 (Nilus) dicionis Aegyptiae esse incipit a — Syene[9]. 7, 112 trium sapientiae procerum. 29, 26 proceres artis eius. 9, 66 proceres gulae. 13, 75 (chartam) principalem fecit e plebeia. 17, 138 (fici ramum) quarto anno

— totum adoptantis (oleae) esse. 15, 54 (nucibus insita) faciem parentis sucumque adoptionis exhibent. 16, 1 pomiferae arbores — ab homine didicere blandos sapores adoptione et conubio. 17, 129. 8, 134 praecipua dos tergori: „dos, was sie empfiehlt wie eine Mitgift". Urlichs. 9, 109; 112; 14, 33 und öfter. 16, 173 (licet alni) innumero herede prosint. 12, 22 ficus — sui ipsa semper heres: nach Madvigs Emendation. 35, 26 in villarum exilia pelli (tabulas). 120 carcer eius (Famuli) artis domus aurea fuit „war der Bann seiner Kunst" d. h. nur dort waren seine Kunstwerke. 26, 15 id solum possumus indignari, unum hominem (Cleophantum) — leges salutis humano generi dedisse, quas tamen postea abrogavere multi. 26, 18 abrogare herbis fidem. 28, 20; 2, 141. 8, 12 Aiax (elephas) qui notabatur inedia mortem ignominiae praetulit. 11, 25 cessantium inertiam notant (apes). 2, 13 (sol) suum lumen ceteris quoque sideribus fenerat. 11, 198 (membranae, quam praecordia appellant) refertur accepta subtilitas mentis „ist zu verdanken". 14, 60 Iulia Augusta LXXXII annos vitae Pucino vino rettulit acceptos. 8, 61; 12, 82 und öfter. Vgl. 2, 22 huic (fortunae) omnia expensa, huic omnia feruntur accepta, et in tota ratione mortalium sola utramque paginam facit. 29, 11 mutatur ars (medica) cottidie totiens interpolis „neu aufgeputzt". 36, 119 vilitas animarum. 20, 1. 10, 16 aquilarum iugum. Vgl. Seyffert-Müller zu Cic. Lael. S. 317. Koziol, der Stil des Apuleius S. 285.

5. obmutescere, degustare, obstrepere, sordere: 33, 160 Lydium (sil) Sardibus emebatur, quod nunc obmutuit „von dem man jetzt nichts mehr hört" d. i. das nicht mehr üblich ist. 37, 121 causam nominis (amethysti) adferunt quod usque ad vini colorem accedens prius quam eum degustet in viola desinat „bevor er die Farbe des Weines annimmt, zu haben beginnt". Vgl. 37, 87 nec sine quadam spe purpurae candore in minium transeunte „nicht ohne einen Ansatz von Purpurfarbe". 11, 148 ut habili mixtura et accipiatur — lux et temperato repercussu non obstrepat „nicht blende, eigentlich gesagt vom Gehör" Urlichs. 8, 156 Scythici equitatus equorum gloria strepunt. 35, 88 (Protogenes) sordebat suis ut plerum-

que domestica „wurde gering geachtet“. 25, 22 adeo deliciis sordent etiam quae ad salutem pertinent.

6. *induere* und *exuere:* 20, 126 aiunt verbera subituris potum (semen erucae) ex vino duritiam quandam contra sensum induere. 23, 40 (vinum) fumi amaritudine vetustate indui. 28, 106 pudicos mores induere. 8, 209 servitutem exuerat. (Ist Anderen geläufiger, vor Allen Tacitus).

7. *exorare, appellare, sperare:* 16, 136 illud maxime mirum, ipsas plerumque arbores *exorari* ut vivant atque tramigrent „durch zweckmässige Behandlung bewirken“. 142 etiam non appellato solo (gignitur cupressus). 17, 105 (surculi) praegnates — et qui parere illo *speraverint* anno „erwarten liessen, versprachen“. 19, 39 si quando incidit pecus in *spem* nascentis (laserpicii) „Keim, junges Pflänzchen“.

8. *accendere, ardere, flagrare:* 2, 104 discordia accenditur. 18, 225 (pretia) vestium accendunt „steigern den Preis“. 21, 4. 12, 56 C. Caesarem — ardentem fama Arabiae. 9, 32 opere proelium fervet. Diese und viele anderen vom Feuer und vom brennen hergenommenen Metaphern sind immer üblich gewesen oder in der silbernen Latinität allgemein üblich geworden.

9. *restinguere, recidere:* 26, 8 morbus celeriter — restinctus est. 93 und öfter. 28, 229 ne recidant febres. (228 quae certo dierum numero redeunt).

10. *abstergere, excutere:* 20, 34 (Siser erraticum) fastidium absterget. 26, 41; 27, 48; 30, 90. 6, 167 (Ptolemaeus Philadelphus) primus Trogodyticen excussit i. e. *perlustravit,* 18, 133 meridiem excuti placet.

11. *amputare, frangere, rumpere, proscindere:* 7, 90 (memoria) somno quoque serpente *amputatur* „wird unterbrochen“. 23, 45 sacco viribus (vini) fractis. 7, 44 fragilitatis humanae memor. 146 nulla est — solida felicitas quam contumelia ulla vitae rupit. 10, 46 rumpendoque somno natura genuit (gallos). 11, 267 (sibilus) serpentibus longus, testudini abruptus. 8, 86 perrumpit omnes difficultates. 33, 6 proscissum conviciis. 36, 48 Mamurra Catulli — carminibus proscissus.

12. *domare, cruciare, infrenare:* 14, 54 rigor indomitus (vini Maronei). 17, 137 (ramum oleae) omni interim tempore

edomari meditatione curvandi. 246 domitura palmitum. 16, 171
(harundines) multa domandae exercitatione „mussten eingespielt
werden". Vgl. 8, 180 domitura boum in trimatu „die Abrich-
tung d. i. das Anschirren und Einfahren". 8, 158 (equum)
indignatione accensum domitis frenis, ne regi posset, praeci-
pitem in abruptum isse „indem es den Zaum nicht achtete"
(Gesner) d. h. indem es den Zwang der Zügel überwand.
29, 78 carnibus gallinaceorum — venena serpentium domantur
„wird unschädlich gemacht". 12, 134 (elates lacrima) in unguenta additur ad domandum oleum „ad cogendum spissan-
dumque" Harduin. 36, 200 igni ferrum gignitur ac domatur.
Ueber praedomare Emend. 1 S. 26. 33, 65 aes cruciatur in
primis accensumque restinguitur sale etc. Aehnlich Ebers: das
innere Licht des Diamanten leuchtet erst in rechter Helle,
nachdem er die Qual des Schliffes ertragen. 9, 100 pluribus
anchoris navigia infrenant. Vgl. Vergil. Aen. 12, 287 infrenant currus. 7, 163 domitantque in pulvere currus.

13. haurire, sorbere, bibere, vorare, evomere: 36, 119 hauriri
urbes terrae hiatibus publicus — dolor est. 2, 193 moenibus
— hiatu profundo haustis. 194 hiatus vero alias remanet
ostendens quae sorbuit, alias occultat — urbibus plerumque
devoratis agrorumque tractu hausto. 202. 4, 9 maria omnem
ibi latitudinem vorant (Peloponnesi). 6, 122 (Babylon) ad solitudinem rediit exhausta vicinitate Seleuciae ob id conditae —
invicem ad hanc exhauriendam Ctesiphontem — condidere
Parthi. 13, 95 Ancorarius mons — dedit citrum, iam exhaustus.
29, 8 par et fratri eius merces a Claudio — infusa est, census-
que quamquam exhausti operibus Neapoli exornata — reliquere.
7, 52 haustae imagines sub ipso conceptu „lebhaft vorschwe-
bend". 5, 71 Iordanes amnis — Asphaltiten lacum — petit,
a quo postremo ebibitur. 11, 270 theatrorum in orchestris
scobe aut harena superiacta devoratur (vox) „verklingt".
34, 40 (colossaeus) in campo Martio Iuppiter — devoratur
Pompeiani theatri vicinitate „wird erdrückt". 5, 54 (Nilus)
multis quamvis faucibus in Aegyptium mare se evomat. (Zu
faucibus vgl. Vergil. Georg. 4, 427). 14, 148 (Antonius) de
sua ebrietate — volumen evomuit.

14. *defetisci, fatigare, lassescere*: 17, 10 (arbores) si blandiantur austri, defetiscentes. 2, 18 Vespasianus Augustus fessis rebus subveniens. 36, 120 fessis cardinibus. 36, 93 vaesana dementia — fatigasse regni vires. 7, 130 ne lassescat fortuna. 17, 40 iam Italiae terram existimavere lassam. 210 vites lassas etiamnum. 14, 33. 6, 34 ubi lassata cum siderum vi Ripaeorum montium deficiunt iuga. Vgl. Plin. ep. 6, 21, 1 neque enim *quasi* lassa et effeta natura nihil iam laudabile parit.

15. *tenere, obstringere, redimire*: 35, 60 neque ante eum (Apollodorum) tabula — ostenditur quae teneat oculos. 11, 44 aequitas quidem etiam in iis (apibus) obstringitur. 7, 8 obstringam fidem meam. 37, 87 ungue minium (imitante) *redimitum* candido pingui „eingefasst".

Weiter reihe ich noch eine Sammlung einzelner Metaphern an, die sich in die vorstehenden Gruppen nicht einfügen: 2, 173 oceanus infusus in multos sinus — interna maria *adlatrat*. 4, 19 (Peloponnesi oram) tot maria adlatrant. Praef. 5 quanto tu ore patris laudes tonas! 8, 9 iras proflare. 14, 3 praecepta agricolis pandere. 18, 35. 23, 62 capillum defluere prohibet. 8, 127 defluvium capilli: beides oft. 195 undulata vestis prima e laudatissimis fuit, inde sororiculata defluxit „entstand, entwickelte sich"[92]). 5, 73 fluctibus fortunae. 14, 146 (Torquatum) non labasse sermone — dum biberet „habe nicht gestammelt". Praef. 21 argumentum huius stomachi mei „dieser Stimmung". 2, 10 stellarum conlucentium oculos. 18, 43 maiores fertilissimum in agro oculum domini esse dixerunt. 31 frontemque domini plus prodesse quam occipitium. 2, 13 (sol) caeli *tristitiam* discutit atque etiam humani *nubila* animi serenat. 31 rerum fores aperuisse Anaximander — traditur. 35, 61 artis fores apertas. 13, 70 repatuit usus = ἀπ. εἰρ. s. Mayhoff Luc. p. 93. 35, 101 a quibus initiis ad arcem ostentationis opera sua pervenissent „zum Gipfel der Auszeichnung" (von Wannowski p. 8 anders aufgefasst). 2, 43 humani ingenii peste „abscheuliche Eigenschaft des menschlichen Geistes". 2, 206 scelera naturae: von Erdbeben u. dergl. 2, 55 siderum labores statt *defectus*, jedoch mit dem Beisatz: quoniam ita appellare placuit (Vergil. Georg. 2, 478 defectus solis varios lunaeque labores. Aen. 1, 742. Tac. Ann 1, 28 miles suis laboribus defectionem sideris adsimilans). 2, 206 busta urbium. 15, 76 busto Romani nominis. 5, 73. 3, 40 (urbs Roma) digna tam festa cervice facies. Vgl. 43. 3, 41 (Italia) gremium terrarum. 117 Padus e gremio Vesuli montis profluens. 2, 151. 3, 56 tam tenues primordio imperii fuere radices. 35, 71 Apollinis se radice ortum (Parrhasius dixit). 3, 131 incolas Padi: von den Flüssen die sich in den Po ergiessen. Vgl. Tac. Ann. 1, 79 Tiberim — accolis fluviis orbatum. 6, 71 Indus — quadam aquarum modestia nusquam latior L stadiis. 7, 44 vitam aequa lance pensitabit. 45 (Gaium, Domitium, Neronem) totidem faces generis humani. 143 in ipso flore dignationis. 123 florem hominum. 8, 185 greges puerorum (Vgl. Seyffert-Müller zu Cic. Lael. S. 435). 9, 127 irascenti mari. 10, 93 faucibus porrectis in angustum, utero capaci: vom Neste der Halcyonen. 11, 162 turba vulnerum. 15, 41 turba prunorum. 33, 129 populus imaginum. Vgl. 35, 6. 13, 45 (nicolai) sapore caryotarum sorores. 16, 142 (cupressus) nutricem — fastidiens „den Pflanzgarten" (Vgl. Emend. III S. 25 A. 1). 17, 66 omnia ea — moris est — prius nutrici dari. (Vgl. 69 ad seminarium praecipuum eligi solum refert, quoniam nutricem indulgentiorem esse quam matrem saepe convenit). 91 satis quibusque umbra aut nutrix aut noverca est. 18, 337 (Zephyrus) adflatu nutricium exercebit. 17, 191 hiemis ruminatio „Wiederkehr, Rückfall". 17, 37 fons ingeniorum Homerus. 38 Cicero, lux doctrinarum altera. Vgl. 27, 3 adeo Romanos velut alteram lucem dedisse rebus humanis videntur (dei) und Seyffert-Müller zu Cic. Lael. S. 200. 35, 60 lumina artis in quibus primus refulsit Apollodorus. 18, 264 magnus hic anni cardo (solstitium). 220 cardines temporum. 218. 25, 24 ea conditio vitae est ut mori plerumque etiam optimis portus sit. 29, 11 ingeniorum Graeciae flatu inpellimur „wir segeln mit dem Winde griechischer Geister" (Strack) d. h. wir folgen den wechselnden Vorschriften griechischer Aerzte. 28, 39 (fascinus) medicus invidiae — Fortuna gloriae carnifex. 30, 17 habentem quasdam veritatis umbras. 31, 7 (fontes) celebrati carmine laureae Tullii. 7, 117 primus in toga triumphum linguaeque lauream merite.

33, 48 fames auri. 72. 35, 48 (Appianum) chrysocollam men-
jitur, ceu parum multa dicta sint *mendacia* eius „Imitationen“.
37, 112 neque est imitabilior alia (gemma) *mendacio* vitri
„täuschende Aehnlichkeit“. 35, 97 ad manum intuenti „in der
Nähe“. 36, 27 officiorum negotiorumque acervi. 26, 21 plura
undique acervabimus (remedia). Vgl. 36, 101 universitate acer-
vata et in quendam unum cumulum coiecta. 5, 54 aquis rursus
concordibus (Nili). 14, 148 ebrius sanguine civium. 16, 139
cupressus advena — satu morosa. 17, 151 (aesculus) minus
morosa nasci. 14, 28 (vitis) in eligendo solo morosa⁹ˢ).
33, 88 refert quam *bibula docilisque* sit (pulvis chrysocollae)
„leicht und rasch die Farbe annehmend“. 14, 1 arbores indo-
ciles nasci alibi quam ubi coepere. 12, 112 (balsamum) mal-
leolis seri didicit nuper vincta ut vitis. 23, 144 hilariorem
colorem. 36, 55 Lacedaemonium marmor cunctis hilarius.
12, 69 (murra Trogodytica) aspectu barbara. 11, 71 (crabro-
nibus) fetus inaequalis ut barbaris.

Diese Zusammenstellung mag genügen. Wir haben dabei
vom weitaus grössten Theile derjenigen Ausdrücke abgesehen,
die von Lebenden auf Lebloses übertragen sind. Sie sind so
überaus zahlreich, dass man einen nicht geringen Theil des
Werkes ausschreiben müsste, wollte man sie erschöpfen: velle
16, 205; 17, 248; 250; 257; 19, 83; 156. desiderare, gestire
18, 185. amare, odisse, amicum esse, inimicum esse, cognatum
esse, adversari, abdicare 4, 31; 15, 80; 135; 16, 226. concordia,
discordia 37, 59. labor, gaudium 16, 94; 36, 167; 16, 95.
vota 17, 14. infans, infantia, mater, anus 18, 334; 22, 93;
15, 80; 82; 17, 35. adipes, caro, ossa etc. Plinius selber bezeichnet diese Ausdrucksweise als die allgemein übliche
17, 218.

§ 56. Metonymie und Synekdoche: 2, 54 quo in
metu fuisse Stesichori et Pindari vatum *sublimia ora* palam
est deliquio solis. 3, 123 (Padus) maria cuncta fructuoso alveo
inportat d. i. die Waaren aller Meere. 5, 36 currus == Triumph.
108 Caria interiorum nominum fama praenitet == interiorum
oppidorum. Vgl. 6, 33. 7, 109 Sophoclem tragici cothurni
principem. 8, 111 angues modo et stelliones senectutem exuere

„die alte Haut". 9, 95; 30, 73. 28, 174 senecta serpentium.
20, 254. 9, 85 polypis fistula in dorso qua tramittunt *mare*.
14, 73 parcius mari condiunt (vinum Clazomenium). 75 quoniam
mari et defruto condiatur (78 marina aqua). 19, 29 in aquis
marique invictum. 31, 54 amnis qui fuerat ante dulcis mutatus
in salem est. Vgl. 11, 242 omni in salem caseo senescente
d. i. *in salsum saporem*. 13, 82 Nili lenitas „die Weichheit
des Nilwassers" (Vgl. Vergil. Aen. 6, 414). 9, 134 decimo ferme
die liquata cortina: der Kessel für das in ihm Bereitete.
135. 10, 48 Romana purpura = magistratus. 33, 29 tunica
ab anulis senatum distinxit „vom Ritterstande". 40 (aurum)
etiamne pedibus induetur atque inter *stolam* plebemque hunc
medium feminarum equestrem ordinem faciet? „zwischen den
Matronen der höheren Stände und den Frauen des niederen
Volkes"[94]). (Vgl. Iuvenal 3, 115 audi facinus *maioris abollae*
„eines Philosophen"). 9, 124 conchylia et purpuras omnis
hora atterit: für die damit gefärbten Gewänder. 130. (Vgl.
Iuvenal 3, 81 horum ego non fugiam conchylia?) 10, 43
gemmantes laudatus (pavo) expandit *colores* „die farbenreichen
Federn". 44. 12, 5 arbore sulcamus maria. 3 *simplicia rura*
etiam nunc deo praecellentem arborem dicant. 14, 52 non
maria plus temerata conferre mercatori — quam sedulum ruris
larem „die fleissige Bewirthschaftung des Landgutes". 7, 148
Martis Actiaci. 32, 3 Actiaco Marte. Vgl. 35, 13 id quoque
Martio exemplo „nach dem Muster des Kriegsgebrauchs"
(Urlichs). 14, 119 vitis quam iuxta hominis *mors* laqueo pependerit „Leichnam". 15, 135 accendi altaria. 16, 2 (oceanus
operiens) rerum naturae controversiam „strittiges Gebiet".
18, 36 coli rura ab ergastulis pessumum est „von den Sklaven
in den ergastula". (Vgl. L. O. Kiaer, de Sermone D. Iun. Iuvenalis p. 225). 18, 254 *segetes* iterare „die Saatfelder". 19, 22
stupuerunt litora „die Leute am Ufer". 22, 85 operosa eius
(syllibi herbae) culina traditur „die Zubereitung in der Küche".
99 ipsae suis manibus deliciae praeparant hunc cibum. 9, 112
unde nomen unionum Romanae inposuere deliciae. 22, 118 ut
tanto magis sui delicias pudeat. 25, 27 (moly herbam) efossam
inter difficultates saxeas. 26, 3 rebellante taedio „die ekel-

hafte Krankheit". 34, 167 non sunt ea *taedia* in metallis
d. i. muscae et culices. 23, 22; 28, 162. 28, 27 conticescere
convivium adnotatum est. 22, 96. Vgl. Iuvenal 5, 82. Praef. 2
sciantque omnes quam ex aequo tecum vivat *imperium* „die
Unterthanen". 32, 13 (lupus) si haesit in hamo, — laxat
volnera donec excidant *insidiae*. 35, 153 ut nulla signa —
sine argilla fierent „ohne Tonmodell" (155 proplasmata). 37, 20
T. Petronius ut mensam Neronis exheredaret, trullam myrr-
hinam — fregit. 80 smaragdi virens mare „Meergrün". 106 hac
(sarda) apud Menandrum — fabulae superbiunt: statt fabularum
personae. 142 (achaten) invictam athletis esse i. e. „*invictos
reddere athletas*" (Harduin). 28, 4 sanguinem quoque gladiatorum
bibunt — comitiales morbi. 181 in corde equorum invenitur
os —, hoc scarifari dolorem — demonstrant: „*dolorem*" = den
schmerzenden Zahn. Vgl. 179 hoc scarifare dentes in dolore
suadent. 20, 27 (Hippocrates iubet) capitis mulierum *defluvia*
perfricari raphanis. 24, 23 (Hammoniaci lacrima) lassitudines
perungui utile. 20, 89 muris aranei morsus — (brassica) exi-
nanit i. e. „virus, quod ex morsu in corpus infunditur"
Wannowski.

Die vorstehende Lese zeigt, dass Plinius in der metony-
mischen Vertauschung der Begriffe hinter keinem Dichter
zurücksteht und dass er sie auch in der trockenen Aufzählung
und Beschreibung der Gegenstände anwendet. Wir lassen nun
weiter folgen was weniger vom allgemeinen prosaischen Gebrauche abweicht, besonders ist die Vertauschung der Abstracta
und Concreta zu ergänzen: 2, 141 varia in hoc vitae sententia.
35, 165 quid non excogitavit vita (sehr häufig). 2, 138 Tuscorum
litterae — existimant. 161 ingens hic pugna litterarum contraque volgi. 7, 112 (Pompeius) fasces litterarum ianuae submisit i. e. *hominis literati ianuae* (Harduin). 2, 167 pars tota
vergens in Caspium mare pernavigata est Macedonum *armis*.
191 Babyloniorum *placita* et motus terrae — siderum vi *existimant* fieri. 7, 160 poscere videtur locus ipse sideralis scientiae
sententiam: von Mayhoff, wie es scheint, ohne Grund bean-
standet. 29, 3 (medicina) auxit deinde famam etiam crimine,
ictum fulmine Aesculapium fabulata — nec tamen cessavit

narrare etc. 4, 97 Glaesaria a sucino *militiae* appellata = a militibus. 7, 23 venatu et aucupio vesci. 8, 58. Vgl. damit 8, 44 quos venatus, aucupia piscatusque *alebant*. 7, 147 universa mortalitas — nuncupet. 2, 14; 22; 54. 8, 44 in clarissimi regum — desiderio — peregrinantes „in den Gegenständen der Wissbegierde". 35, 135; 11, 148. 8, 46 nec capiente *aviditatem* alvo „den Frass". 9, 45 memoratur praecipua magnitudo = *piscis praecipua magnitudine*. 37, 27; 118. 12, 30 fert et spina piperis similitudinem „eine pfefferähnliche Frucht". 16, 180 rubi mora ferunt et alio genere similitudinem rosae „καρπὸν παραπλήσιον τῷ τῆς ῥοδῆς" (Theophrast). 9, 94 navigeram similitudinem — visam = *animal velut navem gerens.* (Vgl. Wichert, Ueber den Gebrauch des adjectivischen Attributs S. 56). 8, 214 caprae in plurimas similitudines transfigurantur „Spielarten". 9, 152 omnem candorem corporum adpetunt „die weissen Theile des Körpers". 12, 118 amputatio = sarmenta. 14, 44 aevi confessione „der Zeitgenossen". 2, 53 aevo teste. 14, 51 vicinitas = vicini. 18, 41. 16, 249 non est omittenda in hac re et Galliarum admiratio „wunderbarer Brauch"[95]). Vgl. 35, 28 alterius tabulae admiratio est „das Bewundernswerthe an dem zweiten Gemälde ist". (Nägelsbach, Stil. § 18.) 18, 250 cicindelae — ita appellant rustici stellantes volatus. 274 (ferunt Democritum) restituisse mercedem anxiae et avidae dominorum poenitentiae. 20, 208 simplex quidem et antiqua illa *salubritas* „Heilmittel". 21, 12 inductam custodiam „einen Gefangenen". 22, 83 datur et contra profluvia geniturae viris (öfter). 28, 248 conceptum leporis utero exemptum. 24, 43 omnem *curationem* austeram recusantis „Heilmittel". 20, 227 nach v. Jans Verbesserung; 29, 41. 24, 150 dracontium triplici effigie demonstratum mihi est — tertia demonstratio fuit folio maiore quam cornus „das dritte Exemplar". 28, 67 obstetricum nobilitas pronuntiavit. 9, 64 ex reliqua nobilitate (piscium). 170. 34, 6 ex illa antiqua gloria Corinthium (aes) maxime laudatur „von jenen berühmten Erzarten". 30, 13 Tiberii Caesaris principatus sustulit Druidas. 34, 1 vetustas „alte Einrichtung". 35, 26 eadem illa torvitas = idem ille vir torvus. 35, 85 emendatione pristinae admonitionis „statt *vitii, de quo pridie admonuerat*" Urlichs. 35, 139 exusta mortalitate „die sterbliche Hülle". Vgl. oben 7, 147. 36, 116 (contemplatio) conectit maiorem insaniam e ligno „wahnwitziger Bau aus Holz". 13, 91; 19, 22 37, 41 quam pueritiam tam inperitam posse reperiri quae — credat? statt *quem puerum.* 32, 24 surculi *infantiae* adalligati tutelam habere creduntur „Kindern".

Anderes der Art, wie antiquitas 25, 13; aetas 29, 9; novitas 14, 143 oder die Pluralia: servitia 33, 23; ministeria 31, 7; coniugia 8, 86; studia 7, 186; potestates 9, 26; dignitates 5, 12 (wozu Madvig, Emend. Livian. [2] p. 304) übergehen wir als entweder allgemein üblich oder doch den Schriftstellern der silbernen Latinität geläufig. Desgleichen wird weiter die Vertauschung von Länder- und Völkernamen nur mit solchen Beispielen belegt, in denen der Begriff des Verbums die Metonymie auffälliger macht: 2, 107 orygem appellat Aegyptus feram. 138 Etruria — arbitratur. 178 Septentriones non cernit Trogodytice. 8, 16 elephantos Italia primum vidit Pyrrhi regis bello — Roma autem in triumpho etc. 70. 8, 24 Africa foveis capit (elephantos). 42 Africa haec maxime spectat — unde etiam vulgare Graeciae dictum semper aliquid novi Africam adferre. 48 credit Libya. 130 Hispaniae credunt. 16, 245 dicit Euboea. 12, 5 produnt — Gallias hanc primum habuisse causam superfundendi se Italiae. 11 Graeciae fabulositas. 12 quae ipsa excogitavit Italia. 14, 83 vocat dulce Norbonensis provincia. 133 (vinum) mitiores plagae doliis condunt infodiuntque. 18, 74 Italia (hordeum) in subtilem farinam molit. 19, 4 quae Gadis — septimo die Ostiam adferat. 21, 48 Italia usurpante nomina (Graecorum). 24, 152 Etruria — appellat. 25, 52 Italia veratrum vocat. 160. 28, 25 Galliae religiosius credunt. 31, 81 Africa circa Uticam construit acervos salis. 82 Galliae Germaniaeque — infundunt. 34, 43 factitavit colossos et Italia. 6, 73 gentes Chrysei — tigri fera scatentes. 79 inde Aspaganos gentem vitis et lauri — fertilem. 7, 28. 8, 32 (elephantos) ferunt Aethiopes et Trogodytae. 66 tigrim Hyrcani et Indi ferunt. 10, 3 Aethiopes atque Indi discolores maxime — ferunt aves. 37, 39 Ctesias (tradit) in Indis flumen esse Hypobarum. 100 (saudastros) nascitur in Indis.

103. 115 plurimae ferunt eam (iaspidem) gentes, smaragdo similem Indi.

§ 57. Die Personification: 2, 41 (sidus lunae) in tenebrarum remedium ab natura repertum. 4, 88 pars mundi damnata a rerum natura. 5, 88; 22, 1 und öfter. 15, 92 cura naturae. 6, 26 (Araxes) a Cyro defertur in Caspium mare: ist wohl als Personification zu nehmen, nicht dem Gebrauche der Präposition *a* zuzuzählen, wie ihn 23, 85 a sole ustis 30, 149 perroderetur a veneno bietet, oder den Sillig zu 36, 133 mit Beispielen aus Plinius belegt. 5, 52 (Nilus) indignatur fluere per harenosa et squalentia etc. Vgl. Vergil. Aen. 8, 728 pontem indignatus Araxes. 7, 90 (memoria) saepe deficere temptat ac meditatur vel quieto corpore et valido. 8, 116 singulos annis adicientibus ramos. 9, 129 hactenus transcurrat expositio. 35, 60 expositio festinans ad lumina artis. 6, 77 adversus eum (Indum) scandente demonstratione (nach Urlichs' Verbesserung). 6, 209 ut per Meroen — mensura currat. 3, 66. 28, 87 ut festinet oratio ab homine fugere. 21, 51 et fere peractis colorum quoque celeberrimis, transit ratio ad eas coronas quae varietate sola placent[96]). 18, 105 ad operis pistorii genera transeunte cura. 10, 69 (coturnices) damnavere mensae. 11, 170 (dentibus) erumpentibus morbi corpora infantium accipiunt „nehmen sie in Empfang als Beherrscherinnen ihres Lebens." 17, 54 usus adversus utramque pronunciat. 123 reliqua genera casus ingenio suo excogitavit. 18, 32 modus hic probatur ut neque fundus villam quaerat neque villa fundum. 15, 37 qui candidior (color) nostratia (cotonea) cognominat. 37, 191 colos appellavit drosolithum herbaceus. 19, 159 mentae nomen suavitas odoris apud Graecos mutavit: sie hiess früher *mintha*, dann *Hedyosmos*. 21, 66 Hyacinthum comitatur fabula duplex. 33, 4 quaerebat argentum avaritia, boni consuluit interim invenisse minium, rubentisque terrae excogitavit usum. 9 (Romanae manus) quarum in more ferrei (anuli) erant. 22 multis hoc modis — luxuria variavit gemmas addendo — alias dein gemmas violari nefas putavit ac — solidas induit. 9, 129 fraudatam profecto se luxuria credat. 8, 31. 33, 144 nec multo post argentei (lecti) Deliacos imitati sunt. 145 erubescant annales etc. 34, 4 Cyprio suo (lapide) assibus contentis. 34, 17 honores legendi aevo basibus inscripti: „aevo" ist Dativ vgl. 14, 72 und oben § 56. 34, 146 a ferro sanguis humanus se ulciscitur: nämlich durch den Rost. 35, 136 praecipue tamen *ars* ei (Timomacho) favisse in Gorgone visa est „der Genius der Kunst". 166 et ipsius terrae sunt alia commenta. 36, 95 (templum Ephesiae Dianae) in solo palustri fecere, ne terrae motus sentiret aut hiatus *timeret.* 122 (balinea) nunc Romae ad infinitum auxere numerum. 154 pumices qui sunt in usu corporum lavandorum feminis, iam quidem et viris, atque, ut ait Catullus, *libris.*

§ 58. Trajection des Adjectivs: 13, 70 velifico navigii cursu. 75 Fannii sagax officina. 21, 4 mixtura versicolori florum. 26, 16 pensili balinearum usu[97]). 20, 77 alterno dierum potu. (8, 46 vesci alternis diebus). 240 saluberrimae genere medicinae. 24, 28 (illum caeli aera proficere) plus quam lactis herbidos per montium aestiva potus. 34, 83 (Theodorus) praeter similitudinis mirabilem famam magna subtilitate celebratus. 35, 182 in ferrariis fabrorum officinis.

Kritisch-exegetischer Anhang.

1) Vgl. L. v. Jan, Jahrb. 93 S. 693.

2) Diese Stellung des Subjects mitten im Doppelablativ ist bei anderen Schriftstellern beliebter. Vgl. Madvig, Kl. Schr. S. 370 ff.

3) Vgl. meine Beitr. z. Krit. u. Erkl. des Tac. IV S. 5.

4) Vgl. L. v. Jan, Jahrb. 93, S. 690. — Verschieden von dem im Texte Angeführten ist 16, 38 quae ferrent in Asia aut oriente praedictis, picem in Europa sex genera cognatarum arborum ferunt: zu *quae ferrent* ergänzt sich das Object *picem* aus dem Vorausgehenden, ist aber im Hauptsatze wieder gesetzt, weil damit die Behandlung eines neuen Gegenstandes beginnt. Vgl. übrigens Sillig z. St., meine Beiträge z. Krit. und Erkl. d. Tac. III S. 14 f. und die von Draeger beigebrachte Parallele Mela II § 77. Für unmöglich aber halte ich die Stellung, welche Detlefsen 16, 2 bietet und Mayhoff, Nov. Luc. p. 51 n. 18 billigt: (oceanus) operiens alternam rerum naturae controversiam dubiamque terrae sit an partem maris. Wenn *sit* aus den Codd. aufgenommen wird, kann *dubiamque partem* nur Appositum zu *controversiam* sein. Dann aber ist die Stellung von *partem* innerhalb des abhängigen Satzes ganz und gar unzulässig und wäre schon *dubiamque terrae sit an maris partem* in hohem Grade hart. Aber auch als Appositum ist *partem* unpassend, passend nur als Prädicat. Dem Ueberlieferten am nächsten käme was die Dalecampiana und Hackiana bieten: *parte in maris* und es dürfte an der Stellung der Präposition, obwohl schon *terrae* vorausgegangen ist, vielleicht kein Anstoss zu nehmen sein (vgl. § 9, 5 und Vergil Georg. 3, 313 usum in castrorum). Wenn aber doch, so müsste *an in parte maris* geschrieben werden.

5) Vgl. E. Schweikert, Philologus 22 S. 704 ff. — Aehnlich
ist aus Plinius noch 23, 1 (Pomona) non contenta protegere
arborumque umbra alere quae diximus, nur ist hier nicht *arborum umbra* aus dem zweiten ins erste Glied zu ergänzen,
sondern *arboribus* und auch diese Ergäuzung ist nicht grade
nothwendig, weil das Mittel, womit Pomona schützt, nicht genannt sein muss.

6) Berechneter und nachdrücklicher verwendet bei Tacitus.
Vgl. meine Beitr. z. Krit. u. Erkl. d. Tac. III S. 17 A. 2.

7) Ueber die dem Plinius sehr geläufige Voranschiebung
anderer Wörter Mayhoff, Luc. p. 79 f.

8) Kühnast hat das übersehen, wenn er, Livian. Syntax
S. 317 behauptet, dass dort *et* von seinem Beziehungswort
durch einen Satztheil getrennt sei.

9) *Exprimi* erklärt Harduin durch *explicari* und Strack
und Külb sind ihm in ihren Uebersetzungen gefolgt. Es heisst
vielmehr: „als ob es nicht sein könne, dass dies Erbeben ihr
vom Unwillen ausgepresst werde".

10) Vgl. meine Emend. I S. 28.

11) Von Grasberger, de usu Plin. p. 116 und Mayhoff,
Luc. p. 35 n. 20 und in seiner Ausg. zu 13, 97 bezweifelt,
im Zusammenhange mit der ebenfalls angefochtenen Stellung
von *vero* an der Spitze des Satzes oder Satztheiles: 22, 18 vero
omnibus. 24, 159 vero Pythagorae: an beiden Stellen v. Jan
und Detlefsen übereinstimmend, ausserdem v. Jan auch 2, 172
vero media terrarum. Hingegen nimmt beide Stellungen ausdrücklich in Schutz v. Jan, der sie auch zuerst in den Text
eingeführt hat, Ausg. Praef. ad Vol. III, Sitzungsber. der königl.
bayer. Akademie der Wissensch. zu München 1862 Bd. I S. 254
u. Jahrb. 93 S. 684. Weiter käme zu den Stellen mit *vero*
an der Spitze nach Mayhoffs Anordnung noch 13, 38 (palmae)
ferunt statim in trimatu in Cypro, verum Syriae, Aegypto quadrimae, aliae quinquennes; denn die einstimmige Ueberlieferung
ist *vero*, was Mayhoff in *verum* geändert hat. Indessen ist es
sehr zweifelhaft, ob die Distinction Mayhoffs durch Theophr. h.
pl. II 6, 7 geboten ist. Denn dort wird zuerst im Allgemeinen
gesagt: καρποφοροῦντες εὐθὺς τριέτεις, dann beigefügt: πολλοὶ

δὲ καὶ οὗτοι περὶ Κύπρον. Also nach Theophrast tragen auf Kypros nicht alle in trimatu und so ist es bei der bekannten Ungenauigkeit des Plinius in Benützung seiner Quellen — übrigens ist ja auch nach Mayhoffs Anordnung die Stelle des Theophrast ungenau wiedergegeben — möglich, ja wahrscheinlich, dass er die Unterscheidung des Theophrast fallen lassend die Kyprische mit der Syrischen und Aegyptischen zusammen nahm. Und schwer ins Gewicht fällt doch auch, dass der Zusammenhang nicht *Syriae, Aegypto sunt quadrimae*, sondern *sunt quae quaedrimae ferunt* verlangt, wie es auch bei Theophrast heisst. Uebrigens könnte man der Autorität des Cod. M., wenn man nicht annehmen will, dass *Syriae* statt *Syria* durch das folgende *Ae* entstanden sei, gerecht werden durch Vervollständigung des *e* zu *et: ferunt statim in trimatu, in Cypro vero, Syria et Aegypto quadrimae*, wiewohl jene Entstehungsweise des Fehlers näher liegt, also der Text, wie er sich bei den Vorgängern Mayhoffs findet, vorzuziehen ist.

Es bleiben mithin für die Stellung von *vero* an der Spitze nur die oben angeführten drei Stellen. Nur an der ersten (22, 18) jedoch herrscht Uebereinstimmung in den Hss., an den beiden andern schwankt die Ueberlieferung, wenn auch allerdings die besten Hss. die angefochtene Stellung bieten. Man mag darum Zweifel hegen bezüglich *vero*, die auch Fels, de Codd. Plin. p. 75 theilt, ohne dass derselbe auch auf die Nachstellung von *verum* ausgedehnt werden müsste.

12) Vgl. meine Beitr. z. Krit. u. Erkl. d. Tac. IV S. 28 A. 1.

13) Wie die erstere Stelle (30, 27) v. Jan und Detlefsen, von Sillig abweichend, der Komma vor *si* gesetzt hatte, richtig interpungirt haben, so ist es auch an der zweiten (31, 49) passender, dass *demissa ardens lucerna* als Subject zu *si extinguitur* statt zu *experimentum est* gezogen werde, obwohl an einer ganz ähnlichen Stelle letzteres geschehen ist: 23, 63 experimentum demissa praebet lucerna quamdiu extinguatur periculum denuntians.

14) Die Stelle (28, 15) lautet vollständig: non plane hic sed Romae inventum caput dicimus und Urlichs bezieht *plane* nicht wie wir auf *non*, sondern auf *hic*, Chrestom. Plin. z. St.

Allein wenn durch das Misverständniss die Gunst des Schicksals
abgelenkt werden konnte, so werden es die Römischen Ge-
sandten eher mit aller Bestimmtheit als mit ironischer Unent-
schiedenheit abzuwehren gesucht haben. Dass aber *non plane*
statt *plane non* zulässig sei, unterliegt keinem Zweifel. Vgl.
Madvig zu Cic. de fin. [2] p. 167. Platon Protag. 331 B οὐ πάνυ
μοι δοκεῖ. Men. 73 D, was Hier. Müller verkehrt übersetzt: „das
scheint mir nicht ganz" statt „das dünkt mich durchaus nicht".

15) Nicht hierher gehören die Fälle, in denen der zweite
Relativsatz lediglich den ersten näher bestimmt, wie 16, 221
Alexandri Magni comites prodiderunt in Tylo Rubri maris insula
arbores esse ex quibus naves fierent, quas ducentis annis du-
rantes inventas. 37, 139 coralloachates guttis aureis sappiri
modo sparsa, qualis copiosissima in Creta, quae et sacra appellatur. 37, 161. Vgl. Nägelsbach, Lat. Stil. § 151, 2.

16) Die Dative *indignantique* Ptolemaeo et vocatores suos
ostendenti — imaginem in pariete deliniavit wie Vergil. Aen.
1, 102 talia iactanti stridens Aquilone procella Velum adversa
ferit. Tac. Ann. 11, 3 sed consultanti (Claudio) super abso-
lutione Asiatici flens Vitellius commemorata vetustate amicitiae
— liberum mortis arbitrium ei (Asiatico) permisit: mag man
hier den Dativ *consultanti* von *commemorata* abhängig denken,
wie Nipperdey will, oder von *permisit* d. i. permittendum censuit,
wie Bach z. St. und Haase, Vorlesungen 2 S. 158 thun, es ist
derselbe erweiterte Gebrauch des Dativus commodi oder ethicus,
wie in der Stelle des Plinius. Uebrigens scheint mir die Beziehung von *consultanti* zu *commemorata* nicht schlechthin
desshalb unzulässig, weil *commemorata vetustate* ein unterge-
ordneter Satztheil ist, wie Haase allgemein hinstellt; denn
dergleichen ist ja nichts ungewöhnliches. Aber sie ist un-
natürlich, weil sofort das Subject des Hauptsatzes eintritt und
daher der Dativ allerdings wohl nur in Verbindung mit dem
Verbum finitum kann gebracht werden. Und so wird Haase
auch Recht haben, wenn er Tac. Ann. 2, 76 igitur quid agendum
consultanti M. Piso filius properandum in urbem censebat den
Dativ nicht von *properandum*, wie Bach und Nipperdey wollen,
sondern von *censebat* abhängig sein lässt. Eine ähnliche Er-

weiterung des Gebrauches zeigt sich beim Dativ des örtlichen und geistigen Standpunktes. Für den ersteren sind § 37 einige Beispiele beigebracht, bezüglich des letzteren vgl. Plin. 18, 35 verumque confitentibus latifundia perdidere Italiam. Tac. H. 2, 50 et tempora reputantibus initium finemque miraculi cum Othonis exitu competisse.

17) Detlefsen und Mayhoff haben 8, 132 einen selbständigen Satz hergestellt, jener indem er *cum* gestrichen, dieser indem er es in *tum* verwandelt hat. Doch scheint zu einer Aenderung kein Grund zu sein, da sich diese Stelle von den beiden anderen nur insoferne unterscheidet, als sich das Verbum *narrant* mit *cum* verbunden hat und so scheinbar die Spitze des Gedankens verrückt ist, für: cum, ut quidam narrant, alterni mas ac femina — invicem detrahuntur ad specum. Gerade das aber ist bekanntlich ein ausgedehnter lateinischer Gebrauch. 10, 79 (Quae quibus locis aves non sint). multa praeterea similia, quae prudens subinde omitto in singulis generibus, fastidio parcens, quippe cum Theophrastus tradat invecticias esse in Asia columbas et pavones et cervos et in Cyrenaica vocales ranas. 17, 86; 9, 116; 19, 185; 28, 84; 32, 25. 8, 128 mirum dictu, credit Theophrastus per id tempus coctas quoque ursorum carnes, si adserventur, increscere: „mirum" bezieht sich nicht, oder wenigstens nicht zunächst auf *credit Theophrastus*, sondern auf den Infinitivsatz. 32, 41 et — incredibile dictu — aliqui tradunt tardius ire navigia testudinis pedem dextrum vehentia.

18) Zu 13, 65 S. 29: Theophrast h. pl. 4, 11, woher Plinius seine Notiz hat, zeigt, dass *unius* (arboris) nicht etwa von einem einzelnen Baume, sondern von einer Baumart zu verstehen ist: ὕλημα δὲ ἴδιόν τι φύεται περὶ Μέμφιν, οὐ κατὰ φύλλα καὶ βλαστοὺς καὶ τὴν ὅλην μορφὴν ἔχον τ' ἴδιον, ἀλλ' εἰς τὸ συμβαῖνον περὶ αὐτὸ πάθος.

19) Die angeschobenen Ablative beziehen sich auf den im Vorhergehenden berührten Handelsverkehr der Römer mit Taprobane und den Serern und enthalten eine Verurtheilung des Luxus, die nirgends begründeter erscheine, als wenn der Geist in jene Gegenden versetzt die Gegenstände (margaritas und vestes sericas), die Entfernung und den Zweck (54 tam

longinquo orbe petitur ut in publico matrona traluceat) bedenke.
Wer die Uebersetzungen einsieht, wird finden, dass die Stelle
auf verschiedene Weise misverstanden worden ist.

20) Richtiger ist es *mirumque* von dem folgenden Hauptsatz durch Komma zu trennen, da es nicht adverbiell steht,
wie 21, 47 Alexandrino palma, qui decerptus adservatur, mireque,
postquam defecere cuncti flores, madefactus aqua revivescit.
25, 37 oleum fit ex semine, ut diximus, quod ipsum auribus
infusum temptat mentem, mireque ut contra venenum remedia
prodidere iis qui id bibissent et ipsum pro remediis. 12, 78.
(Vgl. 10, 72 hi plumam non amittunt nec occultantur — verius
turtur occultatur pinnasque amittit. 33, 40 honestius viri pae-
dagogis id damus. 8, 187; 11, 206). Sillig hat die Interpunction nirgends, v. Jan, Detlefsen, Mayhoff in der Regel.
Ohne ersichtlichen Grund fehlt auch bei diesen das Komma
9, 159 mirumque semestri vita resolvuntur in limum nullo
cernente. 11, 218 mirumque vulneratis summus dolor, praesectis
nullus. 14, 36 mirumque fecunditate pariter et bonitate cessat.
Bei v. Jan und Detlefsen sogar nach *mirum dictu* 6, 162 mirumque dictu ex innumeris populis pars aequa in commerciis
aut latrociniis degit, während an den andern Stellen, wie bei
Sillig immer, das Komma sich findet. Dagegen mögen v. Jan
und Detlefsen 21, 116 mirumque tradit barbaros suffitum huius
herbae excipientes ore lienes consumere etc. aus dem Grunde
Komma nicht gesetzt haben, weil sie *mirum* als Object zu
tradit fassten, wie es 28, 67 als Subject steht. Was jedoch
wohl zu jener Auffassung geführt hat, dass nämlich *mirum*
nicht auf *tradit*, sondern auf den Inhalt im Infinitivsatze sich
beziehe, bleibt bestehen, auch wenn *mirumque* wie an allen
anderen Stellen genommen und durch Komma vom folgenden
Hauptsatz getrennt wird. Vgl. Anm. 17.

21) Weder durch diese Analogie noch durch die im Texte
§ 10 S. 23 aufgeführten Beispiele abrupter Rede wird geschützt
31, 60 similis error, quam plurimo potu gloriantur. Ich muss
mich der bis auf v. Jan und Detlefsen herrschenden Meinung
anschliessen, dass die Ueberlieferung verdorben sei und ver-
muthe, dass Plinius geschrieben hat: similis error quo in plu-

rimo potu gloriantur. Vgl. unmittelbar vorher plerique in
gloria ducunt *plurimis horis* perpeti calorem und bezüglich der
Construction *gloriari in aliqua re* Cic. N. D. 3, 36, 87 in virtute
recte gloriamur. Kühner zu Tusc. 1, 21, 48. Plin. 15, 8 satisque
gloriae in messibus fecit (natura Africae),

22) In den Uebersetzungen ist übersehen, wenigstens nicht
angedeutet, dass *XII tabularum interdicto radi a feminis vetantes* als Beleg für die Behauptung *malas prisci genas vocabant* beigefügt ist.

23) Der Satz scheint inhaltsleer, wesshalb in den Ausgaben bis auf Detlefsen geändert wurde. Vgl. Sillig z. St.
Da jedoch von der Korkeiche schon 189; 204; 205 gesprochen
ist und diese als bekannt vorausgesetzt werden darf, so hat
die Zusammenstellung der Palme mit ihr die Bedeutung einer
Beschreibung. Plinius hat von Theophrast h. pl. 5, 3, 6 ὁ δὲ
φοῖνιξ κοῦφος καὶ ἐδεργος καὶ μαλακὸς, ὥσπερ ὁ φελλός nur den
Schluss aufgenommen.

24) Die Stelle (15, 98) wird in den Uebersetzungen unrichtig wiedergegeben. Strack: „die allein strauchartig wächst
und nahe der Erde bleibt". Külb: „welche an einem Zweige und
doch am Boden wächst". Vielmehr wird es als eine einzige
Erscheinung bezeichnet, dass die Beere eines Strauches und
eine Frucht des Bodens einander ähnlich seien (vgl. Cic. de
divin. 1, 51, 116 fruges terrae bacasve arborum) und es war
zu übersetzen: diese Frucht allein ist es, welche ähnlich an
einem Strauche und am Boden wächst d. i. ähnlich an einem
Strauche wie am Boden.

25) Ich weiss nur diese eine Stelle (9, 124) aus der N. H.
zu verzeichnen, an der *et* nicht copulativ stehen kann, sondern
vergleichend verstanden werden muss. Das erregt Zweifel an
der Echtheit (vgl. meine Beitr. z. Krit. u Erkl. d. Tac. IV S. 35).
Und da auch die Hss. variiren, Cod. R. *etiam* bietet, so ist wohl
quam zu schreiben.

26) Detlefsen hat, indem er aus D² *fructu* aufnahm, *et*
eingesetzt und bei Theophrast h. pl. 3, 3, 2 heisst es allerdings: κρείττω δὲ τῇ χρείᾳ τῇ τε τῶν ξύλων καὶ τῶν καρπῶν.
Allein selbst wenn nur von Fruchtbäumen die Rede wäre,

müsste nicht betont werden, dass der Vorzug zugleich an der Frucht und am Holze sich zeige, in welchem Falle allerdings *et* nicht fehlen könnte, sondern es würde die einfache Aufzählung genügen, wie mehrere der im Texte angeführten Beispiele zeigen, besonders 19, 17; 32, 94; 36, 152; 166. Da aber nicht blos von Fruchtbäumen, sondern im Allgemeinen von allen, welche montibus planisque communes sind, gehandelt wird, so genügt um so mehr die asyndetische Anreihung und der Wortlaut Theophrasts allein ist kein genügender Grund *et* einzuseszen.

27) *frigida, aprica* sind nicht etwa Gegensätze, wie Theophr. h. pl. 3, 15, 5 zeigt: φύεται δ' ἐν τοῖς ψυχροῖς τόποις καὶ τραχέσιν. Also nicht „kalten, wie sonnigen Stand" (Strack), sondern „kalte, sonnige Stellen" (Külb).

28) Das Asyndeton (14, 42) hat der Palimpsest zwar allein, aber gewiss richtig, wie auch v. Jan und Mayhoff anerkannt haben, während Detlefsen den übrigen Hss. sich anschloss und *nigraeque* schrieb. Es werden die beiden Hauptfarben der Trauben bezeichnet, also = in den zwei gewöhnlichen Farben. Dass anderwärts die beiden Adjectiva und ähnliche Gegensätze durch Partikeln verbunden werden, wie 15, 71; 17, 85; 13, 49; 16, 145; 92 kann nichts gegen das Asyndeton entscheiden.

29) Ueber *homine*, wie ich im Texte mit Pintianus geschrieben habe, vgl. Anm. 86.

30) Die Ausgabe Harduins hat *bubuli quoque*, ob auch noch andere ältere Ausgaben, kann ich augenblicklich nicht constatiren, ist auch gleichgiltig; denn das Asyndeton bietet keinen Anstoss. Da jedoch Cod. R. u. V *bubuliae* haben, könnte man vermuthen, dass jenes *ae* der Rest von *aeque* wäre. Indess bleibt dies zweifelhaft, weil nicht blos Cod. d, sondern auch Cod. E blos *bubuli* bieten.

31) So Cod. B und mit ihm v. Jan und Detlefsen, also zwei Glieder und asyndetische Anfügung des zweiten *quas vehi — videat*. Sonst ist theils blos *quae pretia* ohne *et* oder *cum pretia* überliefert; dieses schrieb Harduin, jenes Sillig.

32) Die Vulg. las *et quanam ratione* etc., liess also mit

nunc ab occasus parte den Nachsatz beginnen und so auch nicht blos Külb, sondern noch Strack. Nach dem durch Sillig richtig gestellten Texte hängt *nunc ab occasus parte hoc ei accidere, nunc ab exortus* von *conveniat* ab und ist zweiter asyndetisch angefügter Nebensatz und erst mit *quanam ratione* beginnt der Nachsatz. Vgl. das viel angefochtene Asyndeton Tac. Ann. 3, 21 und darüber meine „Beiträge" III S. 29 und weiter Ann. 3, 50 sin flagitia et facinora sine modo sunt, supplieiis ac remediis principis moderatio maiorumque et vestra exempla temperant, — est locus sententiae etc. Sall. Histor. fr. or. Phil. § 6.

33) Es ist ein Irrthum Silligs zu berichtigen, der zu 20, 148 behauptet, dass *curare* nie von Medicamenten, sondern immer nur von den Aerzten gesagt werde. Schon Harduin muss dies angenommen haben; wenigstens scheint es seine Frage zu eben derselben Stelle: adde quod si morbi nomen hic latet, quis est qui curavit? vorauszusetzen. Es findet sich aber *curare* von Medicamenten recht oft: 22, 139 (panis) sitanius — incussa in facie aut desquamata cum melle aptissime curat. 145 quae sunt ambusta aqua semicocta (lens) curat. 26, 91; 106; 28, 242; 30, 78. *percurare* 24, 140. Passiv: 22, 47 radicibus curantur lichenes. 114; 127; 23, 109; 25, 66; 27, 69; 28, 222.

34) Detlefsen hat *sese pandit in calicem medio sui stantis conplexum luteos apices* geschrieben, wie es scheint ohne genügenden Grund. Wir haben dieselbe nicht unpassende Vermischung der Rose als Collectivum und der einzelnen Individuen, wie in anderen im Texte angeführten Beispielen. Nicht anders ist quo (cortice) in virides alabastros fastigato aufzufassen. Da die Entwicklung der Rose beschrieben wird, können mit *alabastri* nicht „die Spitzen der Kelchblätter", wie Külb will, sondern nur die spitz zulaufenden Rosenknospen bezeichnet sein. Anders wäre auch die Bezeichnung *alabastri* unpassend; denn diese waren ja Hohlgefässe, *fastigata longitudine in pleniorem orbem desinentes*, wie es 9, 113 heisst. Vgl. Harduin z. St.

35) Vgl. 11, 71 horum omnium (crabronum etc.) sexangulae cellae — fetus ipse inaequalis ut barbaris: „*ut barbaris*" ist

überraschend, da der Genetiv vorausgeht und das Pronomen demonstrativum ausgelassen ist: fetus ipse iis inaequalis ut barbaris, worüber § 24, 2.

36) So gibt Detlefsen die Stelle (21, 37) theilweise im Anschluss an Urlichs Vind. Nr. 453. Unstreitig ist hier der Casuswechsel viel willkürlicher als an allen anderen im Texte aufgeführten Stellen. Gleich willkührlich war er allerdings 8, 164 equarum libido exstinguitur iuba tonsis, da *equarum* sich natürlicher an *libido* als an *tonsis* anschloss, doch hat eben *tonsis* der bessern Leseart *tonsa* weichen müssen. Leichter fügen würde sich jedenfalls auch an unserer Stelle: *in* aquatis odor non omnium sine suco est. Vgl. 9, 61 in lupis in amne capti praeferuntur. 11, 212 steriliora cuncta pinguia et in maribus et in feminis. 16, 22; 29, 126; 11, 232; 14, 109; 20, 198. Auch 7, 61 nam in viris Masinissam regem etc. war *in* ausgefallen.

37) Zu einer Aenderung in *crispo*, die Mayhoff vorge-schlagen hat, ist also kein Grund. Vgl. auch 19, 93 sub 4. S. 59.

38) Diese Auffassung, wonach *verbascum herba* zu *alta* zu denken und *ramis lignosis* als Abl. qual. folgt, ist wohl die richtige und nicht etwa die andere *folia* zu *alta* zu denken und *ramis l.* als locale Bezeichnung zu nehmen. Vgl. 121 sunt et phlomides duae, hirsutae, rotundis foliis, *humiles* und Dios-korides 4, 102.

39) Diese Auffassung, wonach mit *vel adipe aut luto inlita* eine zweite Art des bratens bezeichnet wird, ist ohne Zweifel die richtige (vgl. Harduin z. St.), nicht die Stracks, der *inlita* auf *olla* bezieht, wohl veranlasst durch Stellen wie 35, 35 in ollis novis luto circumlitis. 27, 83 hoc in olla fictili luto cir-cumlita in clibanis calfaciunt, wo zwar die Hss. *circumlitum* bieten, aber *circumlita* geschrieben werden muss, wie übrigens schon vor Strack Cornarius geändert hatte III, 88.

40) Die Stelle (25, 31) lautet nach der Ueberlieferung: (panaces) ubi et quonam fieret modo aut quale maxime pro-baretur inter peregrina docuimus. Und so gab sie zuerst Sillig, während die Vulg. *et* las, wozu auch v. Jan wieder zurück-kehrte und statt dessen Detlefsen *ac* setzte. Dagegen sind

beide an einer ganz gleichen Stelle nicht von der Ueberlieferung abgegangen, nämlich 11, 122 de geminis pupillis, aut quibus noxii visus essent, satis diximus. Und weiter schliessen sich noch an 10, 123 adeo satis iusta causa populo Romano visa est exsequiarum ingenium avis aut supplicii de cive Romano, woran nur Mayhoff Anstoss genommen, während auch er 11, 142 unbeanstandet gelassen hat, und 18, 95 fertilissima tritici genera ramosum aut quod centigranium vocant, wo Sillig und v. Jan *et* geschrieben haben, und 37, 17 tolerabiliorem tamen causam fecit C. principis — aut Neronis principis etc., wo nur Cod. B *aut* bietet, die andern *et*. Das gleiche Schwanken der Editoren zeigt sich an mehreren Stellen des Tacitus.

41) Weder die asyndetische Anreihung der letzten Glieder ist zu beanstanden, noch die Verbindung *amoris voluptas*, wie Lucret. 1, 140 sperata voluptas suavis ·amicitiae zeigt. Es ist also kein Grund mit Mayhoff *amoris* zu beseitigen, das man sogar wegen 8, 14 ungerne entbehren würde.

42) Nur diese 2 Stellen (28, 63 und 156) habe ich anzuführen. In der ersten las zwar die Vulg. *vesicaeque* und Sillig mit R² *vesicaeve*, doch folgten v. Jan und Detlefsen der besseren Ueberlieferung und es scheint nach den unter 32 im Texte angeführten Beispielen, die ja nicht wesentlich verschieden sind, kein Grund von ihr abzuweichen. An der zweiten Stelle gehen die neueren Editoren mehr auseinander. Sillig hielt dafür, dass *laudant* vor *hirci iecur* in den Hss. ausgefallen sei und setzte es ein, v. Jan zog *hirci iecur* als Object zum folgenden *laudant*, wiewohl so die Beziehungslosigkeit und Abgerissenheit der Rede gewiss grösser wird als durch Annahme des Asyndeton. Nur Detlefsen hat an letzterem keinen Anstoss genommen und an der Ueberlieferung nicht gerührt und wenn auch die Beziehung von *admovent* auf *axungiam* durch *et ius — dant potui* gestört ist, so sind doch in § 32, 9 weit auffallendere Beziehungen über Zwischenglieder hinaus angeführt.

43) Sillig urtheilt vollkommen richtig, dass nicht die Psyller selber als diejenigen zu denken seien, an denen die Kraft des Giftes erprobt werde. Ich verstehe die Stelle von Thierhetzen, worüber Friedländer, Darstellungen aus der

Sittengesch. Roms II² S. 263 f. Psyller führten giftige Thiere in den Kampf und reizten sie durch Erhitzen der Behälter oder Platten, auf denen sie gezeigt wurden, daher wohl *patinis candefactis* der Leseart anderer Hss. *candefactas* vorzuziehen ist. Der Biss der Rubetae hatte schnellere Wirkung als selbst der von Nattern. Selbstverständlich waren es andere Thiere, gegen die sie losgelassen wurden.

44) Dies Verhältniss ist der Aenderung Detlefsens 20, 133 suco perunctos et *eum* habentes negant feriri statt des überlieferten *etiam* mindestens nicht günstig. Der bekannte Gebrauch von *etiam* bei gegenüberstehendem *nedum* (Hand, Tursell. II p. 563) lässt wohl jede Aenderung als überflüssig erscheinen.

45) Vgl. 9, 2 alia sors alitum quibus vita pendentibus und dies mit dem sogenannten Graecismus *mihi est volenti*. Dräger, Synt. und Stil· d. Tac. § 48.

46) Die Stelle (25, 154) wird verschieden aufgefasst. Die Uebersetzer nehmen *staturas* für „straff bleiben", Harduin für „sich gleich bleiben, nicht anwachsen". Und die gleiche Differenz herrscht 28, 249 ut stent perpetuo mammae. 30, 131 stantes mammas servat. Harduin stützt sich auf Dioskorides, der 4, 79 unter den Wirkungen der Cicuta anführt: μαστούς τε ἐν παρθενίᾳ κωλύει ἀὖξεσθαι und *stare* kann ohne Zweifel die von Harduin angenommene Bedeutung haben, wie u. A. Martial 8, 71, 3 f. zeigt: nam stare aut crescere debent munera. Gleichwohl wird die andere Auffassung die richtige sein. Schon ist der Wortlaut 30, 131 nur bei dieser Auffassung ein passender und das unmittelbar folgende *putant et ter circumductas ovo perdicis — non inclinari* bestätigt sie. Dann aber haben Dioskorides und Plinius an der ersten Stelle 25, 154, obwohl sie sonst übereinstimmen, die fraglichen Notizen sicherlich nicht aus gemeinsamer Quelle geschöpft. Plinius führt seine Angabe auf Anaxilaos zurück, von dessen Benutzung sich bei Dioskorides keine Spur findet. Desgleichen sind es an der zweiten Stelle bei Plinius 28, 249 die Magier, auf deren Rechnung die Fabelei gesetzt wird. Uebereinstimmung zwischen Dioskorides und Plinius muss also nicht herrschen, ist sogar sehr unwahrscheinlich. Schliesslich wird die Auffassung der Uebersetzer

dadurch gestützt, dass Plinius, wo er das bezeichnen will, was Dioskorides angibt, sich auch deutlicher in diesem Sinne ausdrückt: 32, 129 squatinae inlitae crescere mammas non patiuntur. 27, 76 folia (epimedii) in vino trita virginum mammas cohibent. Vgl. 28, 250.

47) Hiernach muss 25, 66 centaurio curatus dicitur Chiron, cum Herculis excepti hospitio pertractanti arma sagitta excidisset ei in pedem sehr auffallend erscheinen, und da *ei* nur Cod. d bietet, R. und V. *et* und keines von beiden E., so wird *et* als Dittographie anzusehen und aus dem Texte zu entfernen sein.

48) Dass zu *adnatare* das Subject *venantes* zu ergänzen sei, muss Mayhoff übersehen haben, sonst hätte er nicht vermuthen können, dass ein Adverbium, etwa *caute*, ausgefallen sei, an das *leniterque* angefügt werde.

49) Aus *praeferunt* ist zu *nasci* „dicunt" zu denken, daher das Komma, durch welches ich abweichend von den neueren Ausgaben mit Sillig *solumque* etc. vom Vorhergehenden geschieden habe, nicht gleichgiltig ist. Vgl. Colum. 7, 3.

50) Ueber 15, 5 s. meine Emend. III S. 3.

51) So der Palimpsest und Detlefsen, die übrigen Hss. und die Vulgata *in Italia*. Vgl. Mayhoff Luc. p. 86 und v. Jan, Jahrb. 93 S. 691.

52) Irrthümlich nimmt Mayhoff, Luc. p. 45 in der Stelle 7, 81 corpore vesco sed eximiis viribus Tritanum in gladiatorio ludo — filiumque eius — et rectos et traversos cancellatim toto corpore habuisse nervos Ellipse von *fuisse* bei *Tritanum* an, so dass *et rectos — habuisse nervos* nur vom Sohne gelten würde, es gilt aber, wie Solinus 1, 75 zeigt, ebenso vom Vater und *Tritanum* ist ebenso Subject zu *habuisse* wie *filium eius*.

53) Unzweifelhaft richtig hat Sillig *cum — interemptus* zu *L. Opimio cos.* gezogen; fraglich bleibt, ob das zu *interemptus* von Jan gefügte *est*, das auch Detlefsen und Mayhoff angenommen haben, nothwendig sei; besonders 23, 19 und 16, 133 unter g. im Texte scheinen kaum weniger hart.

54) Die Auslassung von *est* hat Sillig zu 34, 107 die Stelle (16, 133) unrichtig auffassen lassen wie *triste lupus stabulis*.

10*

55) Die Construction findet sich auch bei Tacitus, Ann. 16, 17. Zum Dativ (caprifico miraculum esse) vgl. Plin. 22, 62.

56) Strack hat die Worte *in olea hoc amplius* unrichtig aufgefasst: „dem Oelbaum gibt er mehr". Ebenso Külb: „für den Oelbaum ist das Mass noch grösser". Mit Beziehung auf die Bemerkung v. Jans, Jahrb. 93 S. 696 notire ich noch folgende Stellen für *hoc amplius* in der Bedeutung „ausserdem": 18, 27; 19, 177; 21, 24; 22, 36; 132; 24, 71; 26, 137; 31, 48; 101. Dagegen steht es nirgends == eo magis, wie es von den Uebersetzern an vielen der angeführten Stellen genommen wird.

57) Zu dem Dativ: *in dryite similitudo est truncis arborum* vgl. 22, 41 (helxine) folia habet mixtae similitudinis plantagini et marruvio und Grasberger de usu Plin. p. 36 n. 1. Die dort angeführte Stelle für *similiter* mit dem Dativ hat zwar Detlefsen durch Aenderung der Interpunction beseitigt, Philologus 28 S. 319, doch findet sich die Construction noch 36, 136 et lapidis natura ligno similiter imbres solesque aut hiemes non patitur. 37, 72.

58) Ohne Zweifel soll auch zum zweiten Gliede *solida ungula* gedacht werden; denn der Abschnitt handelt nicht von den Hörnern, worüber schon 128 gesprochen ist, sondern, wie auch der Index angibt, *de ungulis*. Jene Ergänzung scheint aber nur möglich, wenn *et* wiederholt wird: (solida ungula) et unicorne asinus tantum Indicus. Nur so kann *unicorne* als Prädicat genommen werden, wie *solida ungula et bicorne* Prädicat ist. Es ist daher *et* einzusetzen, da, was paläographisch näher läge solida ungula *est* bicorne nullum, unicorne a. t. l. sich sonst weniger empfiehlt.

59) Bei Detlefsen lautet die Stelle (28, 41) nach der besten Ueberlieferung: capillus puero qui primum decisus est podagrae inpetus dicitur levare circumligatus —. virorum quoque capillus canis morsibus medetur —, ac revulso cruci quartanis: hiernach wäre zu *revulso* aus *puero decisus* über *virorum* etc. hinaus *decisus* zu ergänzen und *revulso* wäre Dativ, nicht etwa Abl. abs., für den sich auch nirgendsher eine Ergänzung zum Doppelablativ ergäbe.

60) Zeugmatisch bleibt die Verbindung auch wenn man mit Urlichs, Chrestom. z. St. *honores currusque* als Hendiadys = honores curruum fasst.

61) Vgl. übrigens 15, 90 quas (amygdalas) quidam et in iuglandium genere servant mit 129 in alio genere bacaliam appellant.

62) Hier (9, 82) hat sich sogar das Geschlecht nach dem vorschwebenden Namen des Fisches statt nach dem Appellativum *piscis* gerichtet (*quae* ab his nomen traxit statt *qui* ab h. n. t.), woran wohl ohne Grund Sillig Anstoss nahm.

63) Die Vulg. hatte nach Robertus Canutus *unum* eingesetzt, was auch Sillig, v. Jan in der Ausgabe und Detlefsen beibehielten: alia quae unum iusto partu, quinque mensum alterum edidit. Mayhoff nimmt eine Lücke an. Nolten, Quaest. Plin. p. 22 erklärte *unum* für überflüssig, aber auf Grund nicht zutreffender Beispiele, mit Zustimmung v. Jans, Jahrb. 93 S. 701. Vgl. meine Emend. I S. 12.

64) Mayhoff liest (10, 111) *raro intervallo quatiunt aliae, aliae crebrius.* Vgl. unmittelbar vorher: ambulant aliquae, ut cornices, saliunt aliae, ut passeres, merulae, currunt (ohne *aliae*), ut perdices.

65) Bezüglich *et alia* vgl. 15, 100 inferiore ligno aliis parvo et aliis etiam gemino. 101 aliae namque sunt olivis, lauris et alio modo loto. 11, 224 alius enim irae et alius verecundiae (rubor). So die beste Ueberlieferung, Cod. R. ohne *et* und so die Vulg., Sillig, v. Jan; Detlefsen und Mayhoff *est* statt *et*. Da Plinius wie die anderen Schriftsteller der silbernen Latinität die Form des Ausdrucks zu neuern liebt und sich besonders bei Tacitus zutreffende Analogien finden (s. Nipperdey zu Ann. 1, 17 und 11, 24), so bleibt es nicht blos an dieser, sondern auch an den im Texte weiter angeführten Stellen des Plinius sowie Index I (13. 14) quare eadem altiora, alias propiora videantur sehr zweifelhaft, ob geändert werden darf. Zu *et alius* vgl. auch 7, 49 quae gemino partu alterum marito similem alterumque adultero genuit: in der Gegenüberstellung *que* statt Asyndeton. 54 Spinther secundarum tertiarumque Pamphilus.

66) Sillig: testas aliqui vel lapides, v. Jan und Detlefsen: *testas aliqui, aliqui lapides.*

67) Die Vulg. und Sillig: *hic clune, alibi pectore.* Mayhoff: *clune alibi, alibi pectore.*

68) Die Vulg. und Sillig: *genera eius facit tria: unam extentis foliis* etc.

69) Iuvenal 3, 248 Calcor et in *digito* clavus mihi militis haeret ergibt der Zusammenhang „*pedis*".

70) Dort (10, 115 caprimulgi appellantur grandioris merulae aspectu fures nocturni) vermuthet Mayhoff ohne Grund, dass *qui* vor *appellantur* einzusetzen sei.

71) Diese Stelle (36, 56 vocatur et Memphites a loco, gemmantis naturae) gibt Strack unrichtig wieder: „Man nennt ihn (nämlich den Tephrias) auch Memphites" statt „Es gibt auch einen Marmor, der Memphites genannt wird".

72) Dass sich die Construction nicht durch Einfachheit und Leichtigkeit auszeichne, mag zugegeben werden, aber eine Aenderung, wie sie Friedr. Aly, die Quellen des Plinius im VIII. Buche, Marburg 1882 S. 9 A. 2 vorgeschlagen: varie feminis cuiusque generis mares aut vi aut voluntate misce*ntur,* scheint nicht nöthig, wenn man auch die parataktische Anfügung durch Beispiele, wie wir sie § 13 beigebracht haben, entschuldigen könnte.

73) Mayhoff vermuthet *defosso,* doch wird die Ueberlieferung wohl geschützt durch die Analogie mehrerer im Texte angeführter Stellen, besonders durch 17, 119.

74) 16, 18 liest Detlefsen mit D[2] (folium) *populeo simile.* 18, 82 *Italicae* parem mit Cod. F statt *Italiae.*

75) An diesen beiden Stellen (13, 49 und 116) ist die Comparatio compendiaria unstreitig sehr hart. Gegen die letztere hat dies v. Jan, Jahrb. 93 S. 692 geltend gemacht und es schwankt die Ueberlieferung.

76) Vgl. Tac. Hist. 3, 80 plures raptis quod cuique obvium telis signum pugnae exposcunt. Liv. 31, 46, 12 relictis quod satis [militum] videbatur und damit Tac. Ann. 4, 24 contracto quod erat militum.

77) Dass die breite Ausdrucksweise in den zuletzt angeführten Stellen auf der Neigung des Lateiners beruht nähere Bestimmungen und Adjectiva der Begriffssphäre der Verba und

Substantiva anzubequemen, habe ich in den Beitr. z. Krit. u. Erkl. d. Tac. II S. 31 auseinandergesetzt.

78) Es ist ein specielles Adjectiv statt, wie gewöhnlich, ein allgemeines quantitatives gesetzt, also = error magnus, wie z. B. 15, 22 quam maxime pura sinceritas. 2, 15 trepido metu. 9, 150 densitas spissa (est). 10, 73 velox celeritas. 11, 185 fortioris industriae. Vgl. meine Beiträge z. Krit. und Erkl. der Briefe Ciceros an P. Lentulus S. 20 A. 2. *Error falsus* ist also ein Gegenstück zu *maior magnitudo* 8, 27; 27, 70. minore magnitudine 12, 25.

79) Mayhoff vermuthet *reperti sunt* statt *repertos*, doch wird die Weitschweifigkeit dadurch gemildert, dass *visum iam* nicht in unmittelbarer Verbindung steht mit *homines repertos*. Es mag ein leichtes Anakoluth vorliegen.

80) v. Jan hat auch 30, 18 non tamen ausus (Apion) profiteri quid sibi respondisse (Homeri umbram) diceret, wofür Sillig *respondisset* empfohlen und Detlefsen aufgenommen hat, in Schutz genommen Jahrb. 93 S. 686, hinweisend auf den bekannten Gebrauch des Conjunctivs eines Verbums dicendi, „obgleich nicht der Umstand, dass jemand etwas sagte, sondern der Inhalt des Gesagten als fremde Ansicht zu bezeichnen ist" (Madvig), wie bei Plinius z. B. 35, 62. Allein, wenn ich recht sehe, müsste es dann doch wol *quod* sibi respondisse diceret heissen. *Quid — diceret* fände nur Erklärung, wenn man sich den Apion von einem Skeptiker gefragt dächte, was er den Schatten Homers etwa antworten lasse, also direct: quidnam dicis respondisse Homeri umbram?

81) Die Worte sind, wie mir scheint, bisher nicht richtig aufgefasst worden. Die Stelle (25, 14) lautet nämlich vollständig: dixit Democritus, credidit Theophrastus esse herbam cuius contactu inlatae ab alite qua retulimus exiliret cuneus a pastoribus arbori adactus, quae etiamsi fide carent, admirationem tamen implent coguntque confiteri *multum esse quod vero supersit*. Gesner merkte an: „das heisset auf gut Teutsch so viel, man muss sich wundern, dass es Leute gibt, die so tapfer lügen können". Strack: „dass Vieles über das Gewöhnliche hinausgeht". Külb: „dass es Vieles gibt, was über

die Wahrheit geht". Der Gedanke scheint vielmehr, wie ich im Texte andeutete, zu sein: Wenn man sich auch solchen Beispielen gegenüber skeptisch verhalte, so könne man doch nicht Alles wegleugnen und nach Abzug der Uebertreibung bleibe der Wahrheit noch Vieles übrig. Vgl. 32, 6 und 7.

82) Auch bei Tacitus nicht häufig: Ann. 4, 52 secuta adseveratione Caesaris qua suo iure dissertum eum appellavit. 11, 10 adegit Parthos mittere ad principem Romanum occultas preces, quis permitti Meherdaten patrium ad fastigium orabant. 13, 8 sententiis eorum, qui — censuere. Germ. 4 ipse eorum opinioni accedo, qui — arbitrantur.

83) Ueber *fuerit* statt des überlieferten *erit* s. meine Emend. III S. 19 f.

84) In den Ausgaben bis auf Detlefsen wird auch 12, 24 maior alia (ficus) pomo et suavitate praecellentior als Hendiadys aufgefasst, indem nach *alia* interpungirt ist = pomi suavitate praecellentior. Indess erheischt der Zusammenhang, dass die Grösse der Frucht hervorgehoben werde und es ist passender *pomo* zu *maior* zu ziehen. Theophrast h. pl. 4, 4, 5 entscheidet weder für jene noch für diese Auffassung. Zu dem Ablativus relationis s. meine Emend. III S. 9 A. 1.

85) Die Wendung ist im Vorausgehenden schon vorbereitet 117 faciebat amphitheatrum gladiatorumque proelia edebat, ipsum magis auctoratum populum Romanum circumferens und wird noch einmal wiederholt 120 vere namque confitentibus populus Romanus funebri munere ad tumulum patris eius depugnavit universus.

86) Die Stelle (28, 8) lautet in den Ausgaben: atque etiam quadrupedes homines sanavere contra inflationes boum perforatis cornibus inserentes ossa humana. Hiernach müsste der Contrast darin liegen, dass es Menschen gewesen, welche die Thiere mit von Menschen genommenen Heilmitteln behandelten. Allein dieser Contrast ist nicht blos überaus matt, sondern der ganze Zusammenhang weist vielmehr auf den andern Contrast hin, dass selbst Thiere durch von Menschen genommene Heilmittel curirt worden. Dieser Contrast aber kommt nicht zum Ausdruck, wenn *homines* gelesen wird; denn ist *homines* Heilmittel,

so gehört natürlich hierzu *sanavere* und *inserentes* entbehrt des Beziehungswortes. Es wird daher mit Pintianus *homine* zu schreiben sein.

87) Wie ich die Stelle (7, 137) nach Mayhoffs Text gegeben habe bietet sie nur ein ziemlich naheliegendes Wortspiel in der Gegenüberstellung von *Felicis nomen* und *infelix.* Ueberliefert ist freilich *adoptatus. et,* was einen viel gesuchteren und spitzfindigeren Gedanken ergibt: „als Adoptivsohn seiner Thaten, des vergossenen Bürgerblutes und der Vergewaltigung des Vaterlandes". Man wird, ihn noch annehmbar erscheinen zu lassen, nicht darauf hinweisen können, dass Männer, die ohne ererbten Namen sich selber einen Namen gemacht hatten, scherzweise *ex se nati* genannt wurden, wie Tiberius bei Tacitus, Ann. 11, 21 seine Empfehlung des Curtius Rufus für die Prätur mit dem Bonmot motivirte „Curtius Rufus videtur mihi ex se natus". Hiervon liegt es doch noch weit ab einen Mann mit ehrendem Beinamen, wenn auch nicht im Ernste, sondern nur scherzweise oder sarkastisch als den Adoptivsohn der Thaten zu bezeichnen, durch welche er sich den Beinamen erworben. Denn der Gedanke wäre desshalb ganz unwirksam zugespitzt, weil das Cognomen in Folge einer Adoption nicht vom Adoptivvater genommen, sondern von dem ererbten Namen gebildet wurde. S. Marquardt, Handbuch 7 S. 15. Ich bin daher von der Nothwendigkeit der Aenderung des Salmasius völlig überzeugt.

88) Vgl. Lucret. 1, 74 (Graius homo) omne immensum peragravit mente animoque. Cic. de fin. 2, 102 qui innumerabiles mundos infinitasque regiones — mente peragravisset. Plin. Paneg. 14 cum orbem terrarum non pedibus magis quam laudibus peragrares. Hor. Carm. 1, 28, 5 animoque rotundum Percurrisse polum.

89) Vgl. Quintil. 10, 1, 80 is (Demetrius Phalereus) primus inclinasse eloquentiam dicitur. Aehnlich Cic. ad fam. 1, 1, 3 inclinata res est „die Sache steht schief".

90) Verba des gehens sind auch sonst für jede Art der Fortbewegung üblich: 6, 102 a Copto camelis itur. Vgl. Verg. Aen. 12, 164 bigis it Turnus. Ovid. Her. 1, 46. Plin. 9, 51 navigia velis euntia. 9, 25 *invectus* und *revehens* vom Delphin.

91) Strack hat die Stelle (5, 59) misverstanden: „das Gebiet von Aegypten fängt an der Grenze von Aethiopien mit Syene an".

92) Strack „wallte vom Körper nieder".

93) 18, 128 (rapum) terram non morose eligit ist also an sich nicht im geringsten anstössig und der Singular kann durch das vorhergehende *fructus* veranlasst sein, während allerdings vorher wie nachher der Plural steht. Da jedoch Cod. Parisinus E *terra* bietet, hat Detlefsen geschrieben: *terra non morose eligitur.*

94) Dass damit bezeichnet sei was der Franzose Demimonde nennt, vermuthet Friedländer, Darstellungen I S. 560 und hat schon Harduin z. St. bestimmt angenommen.

95) Anders Strack: „die hohe Achtung, in welcher die Mistel in Gallia steht". Külb: „die Hochachtung, welche auch die Gallier diesem Gegenstande zollen".

96) Ohne Grund, wie mir scheint, hat Urlichs *ratio* in *oratio* zu ändern empfohlen, Vind. Nr. 455 und hat Detlefsen die empfohlene Aenderung vorgenommen. *Ratio* heisst „die Lehre", wie 21, 85 et hortorum quidem omnis fere peracta ratio est. 28, 125 diximus in ratione herbarum. 22, 111. Es kann also *transit ratio* ebenso gut gesagt werden wie *transcurrit expositio* und die anderen im Texte angeführten Verbindungen.

97) Neben diesen vier Stellen führt Mayhoff Luc. p. 99 und 44 n. 27 auch auf: 7, 10 ferarum volucri genere. 8, 134 adprehensusque pes alter e posterioribus suspendiosa fame necat (irenaceum). Allein an der ersten Stelle sollte wohl ausdrücklich der fabelhafte Greif als *volucre genus ferarum* bezeichnet werden, weil er zwar geflügelt war, aber den Leib eines Löwen hatte, wiewohl er allerdings 10, 136 unter den Vögeln behandelt wird und der Inhalt dieses Abschnittes im Index angegeben ist mit: de fabulosis avibus. An der zweiten Stelle aber liegt gar kein zusammengesetzter Begriff vor, zu dessen beiden Theilen das Adjectiv mit gleichem Rechte bezogen werden könnte. Selbst *irenaceus suspendiosa fame necatur* würde eine Beziehung des Adjectivs zu *irenaceus* nicht zulassen,

und nur die Verbindung *irenacei suspendiosa fame* wäre der Trajection fähig. Die Stelle zählt ohne Zweifel zu denjenigen, die dem Plinius den Ruf eines stilistischen Sonderlings eingetragen haben, doch liegt das Seltsame wenigstens nicht vorzüglich in der Verbindung *suspendiosa fame*. Hier tritt nur die nähere Bestimmung eines Substantivs in adjectivischer statt adverbialer Form auf, wie das auch bei Anderen geschieht. Vgl. Wichert, Ueber den Gebrauch des adjectivischen Attributs S. 1, besonders das Beispiel aus Cic. Topic. 20, 77 *volatus aerei avium*. Und es fehlt auch sonst bei Plinius nicht an ungewöhnlicheren adjectivischen Bekleidungen: 16, 175 caedua salici fertilitas. 188 cetera usus rotundi. 19, 70 (cucurbitis) libertate pensili concessa. 25, 27 inter difficultates saxeas. 8, 7 vilitas ossea (von Mayhoff a. a. O. zum Vergleich herangezogen). 14, 35 vilitatis cibariae. 14, 140 pectorosa cervicis repandae ostentatio. 11, 143 (oculi) super hominem albicantis magnitudinis. Auffallender ist die Erhebung einer näheren Bestimmung des Prädicates zum Subject: *adprehensus pes alter — necat* statt *adprehenso pede — necatur*. Unter den oben § 38 beigebrachten Beispielen ist keines so abgezirkelt als etwa 8, 42.

Verzeichniss

der kritisch oder exegetisch behandelten Stellen.

*) Von zwei durch Komma getrennten Zahlen bezeichnet die zweite die Anmerkung.

— 158 —